Zehn gute Gründe für Gott

STEPHAN SIGG

ZEHN GUTE GRÜNDE
FÜR GOTT

DIE ZEHN GEBOTE IN UNSERER ZEIT

Gabriel

INHALT

Vorwort

Eine absolute Unverschämtheit: Da kommt eine neue Schülerin in die Klasse und sie hat nichts anderes zu tun, als einem sofort die beste Freundin wegzunehmen. Wer wird da nicht rasend vor Eifersucht? Am liebsten würde man der Konkurrentin eins auswischen und mit einem fiesen Trick die beste Freundin wieder zurückgewinnen …

Diese und viele andere Alltagssituationen sind in den folgenden zehn Kurzgeschichten zu finden. Sie sind von den Zehn Geboten inspiriert. Seit über 2000 Jahren orientieren sich die Menschen am »Dekalog«, wie die Zehn Gebote auch genannt werden. Der Dekalog ist in der Bibel zu finden. Er ist ein Geschenk Gottes an den Menschen – ein merkwürdiges Geschenk, mag man vielleicht auf den ersten Blick denken. Regeln engen doch nur ein oder verderben den Spaß. Nicht so bei den Zehn Geboten. Mit diesen will Gott zeigen, wie das Leben gelingt und man langfristig glücklich wird.

Die Zehn Gebote dienen als Grundlage für ein

gelingendes Zusammenleben. Sie regeln die verschiedensten Bereiche des Alltags. Aber keine Angst: Die Zehn Gebote sind nicht mit Gesetzen gleichzustellen, bei deren Übertretung irgendwelche Strafen drohen. Nicht per Zufall heißen sie *Gebote* und nicht *Verbote*.

Natürlich sind sie etwas anderes als die Verkehrsregeln oder die Benutzungsregeln der Sporthalle. Die Zehn Gebote sind grundlegende Verhaltensempfehlungen, die ein friedliches Zusammenleben mit anderen Menschen ermöglichen. Sie sollen die anderen, aber gleichzeitig auch dich selbst vor Unheil und Ungerechtigkeit bewahren – egal ob in der Schule, in der Familie oder in einer Clique.

Die Zehn Gebote helfen dabei, zu erkennen, was im Leben zählt, was einem langfristig guttut, und sie zeigen, wie wichtig der Respekt vor anderen Menschen ist. Sie sind Empfehlungen oder Tipps für ein Leben, das nicht nur einen selbst, sondern auch die Mitmenschen zufrieden und glücklich macht.

Wo genau in unserem Alltag die Zehn Gebote aktuell werden und welche Antwort sie darauf haben, zeigen diese zehn Geschichten.

Ich wünsche euch viel Spaß beim Entdecken der Zehn Gebote!

Stephan Sigg

RICHARDS
BEDENKEN

Niklas kapierte sofort, dass das ein Nein bedeutete. Seine Mutter überflog die Blätter, die er ausgedruckt hatte, ohne den Text genau zu lesen. Erst auf der letzten Seite blieb sie hängen. Dort standen das Datum und die Preise. Auf ihrer Stirn bildete sich eine senkrechte Falte. »Das ist doch gerade in der Woche, in der wir nach England fliegen.«

»Ihr könnt ja ohne mich gehen«, entgegnete Niklas und begann, mit der Werbebroschüre eines Sportgeschäfts, die auf dem Küchentisch lag, herumzuspielen. »Ich habe ja sowieso andere Interessen als ihr. Das ist für alle viel praktischer.«

Aber seine Mutter hatte schon ein zweites Problem ausgemacht: »Hast du gesehen, was das Lager kostet? Für dieses Geld können zwei Personen eine Woche Urlaub machen.«

»Dafür wird auch einiges geboten«, verteidigte sich Niklas. »Alle, die Erfolg hatten, haben vorher ein solches Trainingscamp absolviert. Auch Richard.« Als der Name seines Trainers fiel, sah seine Mutter kurz auf.

»Zwei Wochen kosten nun einmal so viel«, fuhr Niklas fort, bevor seine Mutter weitere Einwände vorbringen konnte. »Übernachtung und Essen sind da schon dabei. Und es wäre wirklich ein sinnvolles Ferienprogramm. Richard meint auch, dass es ohne das nicht geht.« Wenn man vorwärtskommen wollte, musste man investieren. Das Trainingscamp bedeutete, dass er eine Woche nonstop mit seinem Trainer verbringen konnte. Davon träumte er schon lange. Das war etwas ganz anderes, als Richard nur für ein paar Stunden zum Training zu sehen.

»Bist du nicht ein bisschen zu jung dafür?«

»Richard war auch in meinem Alter, als er dort teilnahm.«

»Ohne Empfehlung deines Trainers kannst du es sowieso vergessen.« Seine Mutter deutete mit dem Zeigefinger auf den entsprechenden Abschnitt auf dem Anmeldeformular. »Ich frage mich wirklich, ob das notwendig ist. Trainieren kann man doch auch alleine …« Niklas zog laut hörbar Luft ein. Wenn man von etwas nichts verstand, sollte man besser die Klappe halten. »Richard hat gesagt, dass es eine der besten Trainingsmöglichkeiten ist.« Seine Mutter wusste ganz genau, dass Richard ein Profi war. Er kannte sich in Sachen Schwimmen besser aus als jeder andere.

»Wenn ihr es nicht erlaubt, bezahl ich es mit meinem Ersparten.«

Seine Mutter ging zum Herd und schaltete die Platte aus. »Da haben wir aber noch ein Wörtchen mitzureden.«

Niklas schnitt hinter ihrem Rücken eine Grimasse und verzog sich kopfschüttelnd in sein Zimmer. Keine neue Mail, auch bei Facebook keine Neuigkeiten. Er war enttäuscht. Niklas hatte Richard gestern Abend den Link gemailt und gefragt, ob es nicht der richtige Zeitpunkt für eine Teilnahme an diesem Trainingscamp sei. Bis jetzt hatte er noch nichts von sich hören lassen. Wahrscheinlich hatte er zu viel um die Ohren. Auch bei Facebook hatte er sich die letzten Tage rargemacht. Aber er hatte eine Freundin und war als Trainer sehr gefragt. Während er Richards Fotogalerie durchstöberte, klingelte es und auf dem Bildschirm erschien eine Chat-Nachricht. Daniel. »Hast du heute Nachmittag Zeit?« Er schrieb morgen eine Wiederholungsprüfung in Mathe und brauchte dringend jemanden, der ihm ein paar Dinge erklärte.

»Sorry, geht nicht«, tippte Niklas. »Ich hab heute Nachmittag ein wichtiges Training.« Er konnte das jetzt wirklich nicht ausfallen lassen. Das würde bei Richard keinen guten Eindruck hinterlassen. Jetzt war jede Trainingseinheit dringend nötig.

Als er nach unten kam, hatte seine Schwester bereits mit dem Salat angefangen. Sie begrüßten sich knapp.

»Na endlich, ich bin fast verhungert«, murmelte sie zwischen zwei Bissen. Niklas nahm den Teller, den seine Mutter vor ihn hingestellt hatte, unter die Lupe.

»Was ist denn das? Ich hab dir doch gesagt, dass ich das nicht esse.« Die Proteine waren Gift für seinen Körper. Was er brauchte, waren Kohlenhydrate. Und zwar eine ganze Menge davon.

»Aber das bisschen Käse wird dir doch nicht schaden«, verteidigte sich seine Mutter und nahm demonstrativ einen großen Bissen.

Niklas deutete mit dem Kopf zum Kühlschrank. Dort hatte er vor einigen Tagen einen Zettel mit erlaubten und verbotenen Speisen aufgehängt. Er hatte ihn von Richard bekommen.

»Mir schmeckt es ganz gut«, sagte seine Mutter.

Niklas verlor beinahe die Beherrschung. Wie oft hatte er seiner Mutter schon klargemacht, dass es hier nicht um Geschmack, sondern um Wissenschaft ging? Er hatte ihr lang und breit erklärt, was Richard ihm beigebracht hatte und was auf den Sport-Homepages im Internet nachzulesen war. Keine Proteine. Das konnte doch nicht so schwer zu verstehen sein.

»Diese Ernährungsregeln ändern sich doch sowieso täglich«, mischte sich seine Schwester ein. »Heute soll man dieses auf keinen Fall essen und morgen ist was ganz anderes gesundheitsschädlich.«

»Das sind keine Ernährungstrends, sondern Erkenntnisse, die von Medizinern und Wissenschaftlern belegt sind.«

»Ja, ja. Und von wem hast du das? Lass mich dreimal raten. Der große Richard hat wieder einmal gesprochen ...« Den letzten Satz sagte sie mit ganz hoher Stimme. Niklas zeigte ihr den Vogel. Keine Ahnung, was seine Schwester gegen Richard hatte. Vielleicht war sie nur eifersüchtig, dass sich die beiden so gut verstanden oder dass er es weiter gebracht hatte als sie.

»Richard kennt sich in diesem Bereich einfach aus.«

»Und wenn Richard aus dem zehnten Stock springen würde, würdest du es ihm auch nachmachen.«

»Wann musst du denn heute beim Training sein?«, unterbrach seine Mutter den Zwist.

»Um halb drei.«

»Papa hat mich gebeten, CD-Rohlinge zu besorgen. Er muss heute ein paar Sachen für den Musikverein brennen. Kannst du das vor dem Training schnell für mich machen? Ich habe heute Nachmittag schon so viel zu erledigen.«

Niklas seufzte.

»Du fährst sowieso direkt am Geschäft vorbei.«

Denk an das Trainingscamp, schärfte sich Niklas ein, wenn du jetzt auf stur schaltest, dann hast du keine Chance. Einfach ganz fest konzentrieren auf eine Woche im Trainingscamp mit Richard – weit weg von nervenden Eltern und einer Schwester, die alles besser wussten und neidisch auf Richards Können und Wissen waren.

Er gab sich einen Ruck. Wenn er guten Willen bewies, bezahlten sie ihm das Training vielleicht doch. »Also gut.«

Seine Mutter lächelte. »Das ist lieb von dir. Er hat aufgeschrieben, welche Rohlinge er braucht. Der Zettel liegt draußen im Flur.«

Niklas zog den Reißverschluss seiner Jacke nach oben. Über Mittag war es kälter geworden. Er hängte sich seine Sporttasche um und setzte sich aufs Rad. Hoffentlich war heute nicht so viel Betrieb im Hallenbad. Der Bereich, in dem er trainierte, war zwar abgesperrt und nicht für den öffentlichen Badebetrieb freigegeben, aber es störte trotzdem, wenn gleich nebenan wild geplanscht und gekreischt wurde. Richard war der Ansicht, dass Profischwimmer sich von so etwas nicht aus der Ruhe bringen lassen sollten. Dafür musste er wohl noch an seiner Konzentration arbeiten. Der nächste Wettkampf, für den ihn Richard angemeldet hatte, fand in knapp vier Wochen statt. Bis dahin musste er einige Feinheiten optimieren. Er wollte dort unbedingt gewinnen. Richard musste sehen, dass er alles gab und wirklich den nötigen Biss für die wichtigen Meisterschaften hatte.

Auf dem Parkplatz des Elektronikmarktes grinste ihn eine Frau mit langen schwarzen Haaren an. Auf ihren Nasenflügeln hatte sie Glitter aufgetragen, große Ringe baumelten an ihren Ohren. Niklas nahm das Plakat genauer unter die Lupe. Das war doch diese Coleen, von der Richard so viele Songs auf seinem MP3-Player hatte. Niklas hatte auch ein paar Songs von ihr runtergeladen, obwohl es nicht sein Musikstil war: so eine Mischung aus Independent-Pop und Punk. Coleen würde in vier Monaten ein Konzert in der Nachbarstadt geben.

Im Elektronikmarkt war nicht viel los. Niklas steuerte zuerst auf die DVD-Abteilung zu. Er hatte Lust auf einen richtig deftigen Horrorfilm. Doch in den Regalen mit den Neuheiten lagen nur Komödien und Dramen. Er kramte den Zettel aus seiner Jeans und sah nach, welche CDs sein Vater brauchte. Er schaute sich um. Die Rohlinge befanden sich am anderen Ende des Geschäfts. Er musste heute Nachmittag Richard unbedingt fragen, was er von dieser neuen Schwimm-Homepage hielt. Gestern hatte er in einem Forum einen Hinweis darauf gelesen.

Als er die Hälfte des Weges zurückgelegt hatte, vibrierte sein Handy. Eine SMS von Richard. »Habe etwa 10 Minuten Verspätung. Fang doch schon mal mit dem Aufwärmen an.« Niklas schmunzelte. Eigentlich konnte sich Richard solche SMS sparen. Er hatte immer zehn Minuten Verspätung. Seine Tage waren randvoll mit Terminen. So viele Leute wollten etwas von ihm.

Während er in der Schlange an der Kasse wartete, schrieb er Richard, dass er sich ruhig Zeit lassen solle. Sie hätten ja den ganzen Nachmittag Zeit. Er fragte, ob er die E-Mail von gestern bekommen hätte ... Aber dann löschte er den letzten Satz wieder. Das klang irgendwie zu aufdringlich.

Er hatte Zuschauer. Zwei Kinder verfolgten interessiert jede seiner Bewegungen. Das war Niklas schon gewohnt. Aber er war ja als Kind genauso gewesen: Da hatte er auch am Beckenrad gestanden und fasziniert zugeschaut, wie die Schwimmer in einem unheimlichen Tempo von einem Beckenrand zum anderen glitten. Schon damals hatte er gewusst, dass er das auch einmal draufhaben wollte. Jetzt, einige Jahre später, war er auf dem besten Weg, ein erfolgreicher Schwimmer zu werden. Die Olympiade war noch in weiter Ferne, aber Richard hatte ihm bestätigt, dass es nicht ausgeschlossen war, dass er sich einmal dafür qualifizierte. Er trainierte jetzt schon fast vier Jahre mit Richard. Sie hatten sich ganz zufällig kennengelernt. Es waren Ferien gewesen, draußen hatte es nonstop geregnet und er hatte mit ein paar Kumpels im Hallenbad die Zeit totgeschlagen. Während die anderen sich einen Wettbewerb in den tollkühnsten Sprüngen lieferten, war ihm der Bereich ins Auge gestochen, der mit einem roten Band von der restlichen Wasserfläche abgetrennt war. Die Bahn war frei, niemand trainierte. Deshalb tauchte Niklas unter dem Absperrband durch und checkte, wie viele Bahnen er schaffte, bis er schlappmachte. Er hatte gerade die zweite Länge begonnen, als er den blonden Typen am Beckenrand bemerkte. Er trug T-Shirt und Jeans. Also war er kein gewöhnlicher Badegast.

»Guter Zug«, rief dieser Typ, der sich als Richard vorstellte. Er hätte eigentlich ein Training gehabt, aber der Schwimmer hatte den Termin verschwitzt. So kam Niklas völlig unerwartet zu seiner ersten Stunde mit einem Coach. Und da sich die beiden auf Anhieb verstanden, entschied sich Niklas, mit dem Training ernst zu machen. Richard war zehn Jahre älter als er. Er hatte eine Freundin und war bis vor Kurzem Profi-Schwimmer gewesen.

»Sorry!«

Niklas hob den Kopf. Richard stand am Beckenrand. Er trug ein neues T-Shirt – weiß, auf der Brust prangte in schwarzen Buchstaben der Spruch »Be a part of«. Es stand ihm hervorragend. Niklas machte sich im Kopf eine Notiz, zu Hause das Label des T-Shirts ausfindig zu machen.

»Ich musste noch schnell meine Freundin zum Bahnhof bringen.«

»Kein Problem«, meinte Niklas. Er stieg aus dem Wasser und setzte sich hin. Richard zählte auf, was er beim heutigen Training vorhatte.

Niklas runzelte die Stirn. »Aber wollten wir heute nicht vor allem an der Kondition arbeiten?«

»Ach ja«, fiel es Richard ein, »das habe ich total vergessen.«

Niklas grinste. Aber irgendwie spürte er, dass etwas nicht stimmte. Er kannte seinen Trainer mittlerweile so gut, dass er sofort merkte, wenn er schlecht drauf war.

Sie begannen mit dem Training. Richard stoppte die Zeit und gab ihm vom Beckenrand aus Tipps. Es lief hervorragend. Niklas merkte selber, dass er in den letzten Monaten seine Kondition um einiges verbessert hatte. Aber das musste auch so sein. Er war jeden zweiten Tag im Wasser gewesen. Selbst an Feiertagen. Und er war regelmäßig joggen gegangen. So wie es Richard empfohlen hatte.

»Schon gehört, wer in vier Monaten in die Gegend kommt?«, fragte Niklas.

»Nein, wer?«

Niklas erzählte von der Werbung für das Konzert, die er gesehen hatte.

»Und wann findet das statt?«

Niklas nannte das Datum. Die erwarteten Begeisterungsstürme blieben aus.

»Cool«, meinte Richard und warf ihm das Handtuch zu. Hatte er etwas verpasst? War die Sängerin mittlerweile vielleicht schon out?

»Ab in die Dusche!« Niklas hängte sich das Handtuch um den Hals und steuerte auf die Umkleidekabinen zu.

»Ach«, rief ihm Richard hinterher, »kommst du nachher kurz in die Cafeteria? Wir müssen noch etwas besprechen. Ich warte dort.«

Niklas riss die Augen auf. Das hatten sie bis jetzt erst einmal gemacht. Damals hatte Richard ihm gehörig den Kopf gewaschen, weil er im Training so unkonzentriert gewesen war. Niklas erinnerte sich ungern an dieses Gespräch. Auf dem Weg in die Dusche zerbrach er sich den Kopf, was er falsch gemacht hatte. Es war heute doch super gelaufen? Wenn es in den nächsten Wochen so weiterging, hatte er die besten Voraussetzungen für die Landesmeisterschaften.

Als Niklas die Cafeteria betrat, lehnte Richard am Tresen und unterhielt sich mit der Kellnerin.

»Was willst du trinken?«, fragte er an Niklas gewandt.

»Eine Cola.«

»Setz dich schon mal hin, ich komme gleich.«

Niklas sah sich um. Das Lokal war leer, alle Tische waren frei. Er nahm direkt an der Glasfront Platz, durch die man freie Sicht auf das Hallenbad hatte. Der Bademeister war gerade dabei, das Band mit den roten Kugeln aufzuwickeln. Die Kinder, die ihn vorher beobachtet hatten, versuchten sich im Bahnenschwimmen. Nervös trommelte Niklas auf dem Tisch herum. Endlich kam Richard mit der Cola an seinen Tisch. Er setzte sich ihm gegenüber.

»Lass mich offen reden, ich mache mir Gedanken über dich«, erklärte er, nachdem Niklas einen Schluck getrunken hatte. »Es ist nicht nur deine E-Mail ...«

Niklas hörte das Rauschen in seinen Ohren. Er starrte Richard an. Was kam jetzt?

»Ich habe das Gefühl, es wird langsam etwas zu viel«, fuhr Richard fort. »Du denkst nur noch ans Schwimmen. Versteh mich nicht falsch, wer etwas erreichen will, muss ganzen Einsatz zeigen. Aber ich glaube, du übertreibst ein bisschen.«

Es dauerte eine Weile, bis Niklas reagierte. »Wie? Was meinst du?«

Richard schob den Salzstreuer auf dem Tisch herum. »Du hast mich gefragt, was ich davon halte, dass du an dieser Trainingswoche teilnimmst. Wenn ich es richtig im Kopf habe, ist sie gerade dann, wenn deine Familie nach England fliegen will.«

»Das spielt keine Rolle«, entgegnete Niklas.

»Ich weiß nicht, ob das gut ist. Als ich so alt war wie du, habe ich auch viel trainiert, aber ich habe trotzdem noch andere Sachen gemacht. Mich mit Freunden getroffen, Ferien ... Ohne das geht es doch nicht. Das Leben besteht nicht nur aus einer einzigen Sache. Ich finde es ja toll, dass du mir andauernd Mails schreibst mit Fragen und Infos rund ums Schwimmen. Aber wenn ich dich mal frage, was du sonst noch so machst, hast du mir nichts zu erzählen. Du musst doch zugeben, dass das etwas übertrieben ist.«

Niklas wurde sauer. Richard hatte selber immer gesagt, dass man seine ganze Zeit ins Training investieren musste. Warum jetzt das? War er eifersüchtig, weil er damals nicht so diszipliniert gewesen und deshalb nicht so weit gekommen war? Ja, daher wehte der Wind. Niklas machte ihm einfach zu große Fortschritte.

»Ich kann mir vorstellen, dass du das nicht gerne hörst«, sagte Richard, »aber Steffi sieht das ähnlich. Ihr ist aufgefallen, dass du oft anrufst und SMS schreibst. Es ist ja schön, dass wir zwei uns so gut verstehen, aber ich bin immer noch in erster Linie dein Trainer.«

Was unterhielt er sich mit seiner Freundin über ihn? Steffi war eh doof. Er hatte sie noch nie ausstehen können. So viele SMS schrieb er Richard gar nicht. Nur ab und zu, wenn er etwas Dringendes wissen musste oder etwas Interessantes gesehen hatte.

»Dann gibst du mir nicht dein Okay für das Trainingslager?«

»Ich will zuerst mit deinen Eltern reden.«

Niklas schlug mit der flachen Hand auf den Tisch. Na bravo! Dann stand die Antwort jetzt schon fest. Die Sache konnte er sich abschminken. »Du weißt, wo ich hinkommen will. Und da muss ich entsprechend trainieren.«

Richard seufzte. »Darum geht es nicht. Es gibt mir nur zu denken, dass du so versessen bist. Wann hast du das letzte Mal etwas mit Freunden gemacht?«

Niklas hatte keine Lust auf dämliche Frage-Antwort-Spielchen. Er hatte immer gedacht, dass Richard hinter ihm stand und ihn unterstützte. Dabei war er ja genau wie seine Eltern.

Richard schien noch immer auf eine Antwort zu warten.

»Das geht dich gar nichts an«, sagte Niklas nur.

»Soviel ich weiß, warst du die ganzen letzten sieben Tage nur mit Trainieren beschäftigt«, hakte Richard nach.

»Okay, es ist schon etwas länger her. Aber das ist wirklich meine Sache, wie oft ich mich mit meinen Freunden treffe.«

»Wie du meinst«, murmelte Richard und stand auf, »ich rufe dann heute Abend mal deine Mutter an.«

Niklas starrte durch das Fenster auf das Wasser hinunter. Die Sache würde zu Hause sicher eine riesige Diskussion in Gang setzen und seine Eltern würden sich bestätigt fühlen. Sie hatten schon seit Längerem ähnliche Dinge von sich gegeben wie Richard heute. Und dieses Mal würde er nicht einmal mehr damit argumentieren können, dass Richard es genauso sah wie er.

VERDORBENE FREUDE

Hanna streckte ihre Arme aus und stöhnte laut. Moritz und Alexander sahen sie überrascht an. »Ich hab gestern Abend auf der Videospielkonsole ein neues Fitnessspiel ausprobiert«, erklärte sie mit einem breiten Grinsen, »jetzt tut mir alles weh.«

In diesem Augenblick meldete ihr Handy, dass eine SMS eingetroffen war. »Andrea hat geschrieben!«, rief Hanna überrascht und las den beiden Jungs die SMS vor: »Bin gleich bei euch, es ist mir was dazwischengekommen!«

Sie hatten nicht mehr mit ihr gerechnet. Andrea hatte auf Hannas SMS nicht reagiert. Die drei hingen schon seit knapp einer Stunde auf dem Steg am See rum. Es war der beste Treffpunkt, um ungestört zu sein. Außer während der Sommerferien war hier praktisch nie eine Menschenseele anzutreffen. Während sie auf Andreas Eintreffen gewartet hatten, hatte Moritz von Alexander die Matheaufgaben abgeschrieben. Alexander hatte inzwischen mit Andrea über ihren neuen Geschichtslehrer gelästert. Der Typ war furchtbar pingelig drauf. Etwas, das sowohl Andrea als auch Alexander nicht ausstehen konnten.

»Ich bin wirklich gespannt, was die uns zu erzählen hat«, sagte Hanna und warf den Rest ihres Apfels ins Wasser. Soviel Hanna wusste, hatte Andrea heute nichts Besonderes vorgehabt, bloß vor dem Treffen am Referat arbeiten wollen, das sie nächste Woche in Erdkunde halten musste. Sie war keine, die fürs Zuspätkommen bekannt war. Sonst war sie eher immer zu früh dran.

»Vielleicht hat sie vor lauter Referat die Zeit vergessen«, grinste Moritz.

Hanna verdrehte die Augen. »Die Wahrscheinlichkeit, dass sie vor lauter Langeweile eingepennt ist, ist größer.«

Endlich sahen sie Andrea in halsbrecherischer Geschwindigkeit auf dem Fahrrad die Böschung herunterrasen. Schon da war jedem klar, dass etwas Außergewöhnliches passiert sein musste. So schnell war die sonst nie unterwegs.

»Hat die einen Zahn drauf«, entfuhr es Moritz, »nicht, dass sie noch mit dem Rad ins Wasser plumpst.« Aber da kam sie mit einer Vollbremsung kurz vor dem Steg zum Stillstand. Beinahe wäre sie heruntergefallen. Sie kommentierte es mit einem vergnügten Kreischen. Kaum war sie abgestiegen, winkte sie Hanna, Moritz und Alexander aufgeregt und ließ das Fahrrad ins Gras fallen.

»Ich hab mir schon Sorgen gemacht!«, rief Hanna ihr zu.

»Alles positiv«, entgegnete Andrea. Sie war außer Atem. »Ich kann es noch kaum fassen. Ich hab echt ein Glück!« Als sie den Steg betrat, begann dieser hin und her zu schaukeln. Die anderen griffen automatisch nach allen Dingen, die sie auf den Steg gelegt hatten. Der Steg hätte schon längst saniert werden müssen. Aber anscheinend war der so abgelegen, dass die Verantwortlichen seine Existenz vergessen hatten oder nicht sonderlich an ihm interessiert waren. Alle drei starrten Andrea erwartungsvoll an. Was war der Grund, weshalb sie so unglaublich gut gelaunt war?

Andrea setzte sich an den Rand des Stegs und ließ die Beine baumeln. Sie nahm ihr Handy hervor. »Das müsst ihr euch anhören.« Ihre Finger hüpften über das Display. Kurze Zeit später erklang Musik. Als eine Männerstimme auf Englisch zu rappen begann, schnitt Alexander eine Grimasse.

»Das ist doch ...«

»Die neue Single von Eminem«, fuhr ihm Andrea ins Wort. »Ist die nicht abgefahren? Und so witzig!« Sie forderte die anderen auf, ganz genau auf den Text zu hören.

Hanna zuckte mit den Schultern. »Mir gefällt Eminem allgemein nicht so.« Auf ihrem MP3-Player hatte sie über tausend Songs, aber keinen einzigen von ihm. Und das hieß etwas. Sonst gab es praktisch von jeder Band oder jedem Künstler mindestens einen Song, der für sie in Ordnung war.

Alexanders Urteil fiel noch negativer aus. »Das ist doch voll peinlich! Wer hört denn so was? Der Typ ist Schnee von gestern.« Er versuchte, Andrea das Handy aus den Fingern zu reißen, aber sie hielt es in die Höhe. Sie tat so, als hätte sie seine Bemerkung nicht gehört. Verträumt wippte sie mit ihrem Kopf im Takt des Songs.

»Und wegen diesem Song bist du so aufgedreht?«, erkundigte sich Hanna. Klar, manchmal war sie auch total begeistert, wenn ihr ein neuer Song nicht mehr aus dem Ohr ging, aber Andrea war geradezu hysterisch.

Andrea lachte laut. »Das wollte ich euch ja gerade erzählen. Aber ihr habt mich nicht ausreden lassen ...« Hanna versah die beiden Jungs mit einem Da-habt-ihrs-nun-Blick. Wieder waren alle Augen auf sie gerichtet.

»Nachdem ich die neue Single runtergeladen habe, habe ich mich auf Eminems Homepage umgesehen.« Sie breitete die Arme aus, um die Bedeutung des nächsten Satzes zu unterstreichen: »Haltet euch fest, in zwei Monaten gibt Eminem ein Konzert ganz in der Nähe. Knapp hunderttausend Leute werden erwartet. Das müsst ihr euch mal vorstellen. Die Stimmung wird sicher einmalig!«

Das war also der Grund, weshalb sie zu spät gekommen war. Hanna lächelte. Dass Andrea von Eminem so begeistert war, wusste sie schon länger. Aber sie hatte keine Ahnung gehabt, dass sie gleich so extrem auf ihn abfuhr.

»Ich hab auf der Stelle meine Schwester angerufen, ob sie mitkommt. Ihr kennt ja meine Mutter: Die würde mich nie allein auf ein so großes Konzert lassen. Zum Glück hat meine Schwester an diesem Abend noch nichts vor. Sie will mir die Tickets sogar zum Geburtstag schenken. Ist das nicht super? Sie hat gemeint, dass ich noch jemanden mitnehmen kann.« Sie sah in die Runde. »Kommt jemand von euch mit?«

Alexander zeigte ihr den Vogel. »Nur über meine Leiche.«

»Schalt erst einmal den Quatsch aus«, verlangte Moritz. Andrea schien den Replay-Modus programmiert zu haben, denn kaum war der Song zu Ende, begann er automatisch von vorne.

»Meine Schwester fährt mit dem Auto und bringt euch danach auch nach Hause. Das wäre alles schon geregelt.« Niemand reagierte.

»Kommt schon«, machte sie weiter, »das wird sicher genial! Das erlebt man nicht alle Tage.«

Moritz und Alexander sahen sich kopfschüttelnd an.

»Da müsste man mir viel zahlen, damit ich mir so was antu«, meinte Moritz, »aber danach muss ich dich wohl auch noch auf Schadenersatz für meine verletzten Ohren verklagen.«

»Da gehen sicher nur Psychos hin«, grinste Alexander.

Moritz klopfte vor Begeisterung auf den Steg und bekam einen Lachkrampf. Alexander fiel noch was Besseres ein: »Die totale Freakshow!«

»Das ist überhaupt nicht komisch«, sagte Andrea, »die Bands, die ihr hört, finden auch viele peinlich.«

Hanna pflichtete ihr bei. »Ist doch egal, dass jeder einen anderen Geschmack hat.«

Aber die beiden Jungs lachten weiter. »Dann kannst *du* ja mitgehen«, meinte Moritz.

Hanna schüttelte den Kopf. »An diesem Tag wird meine Oma achtzig, da kann ich nicht fehlen.« Sie sah Andrea schulterzuckend an. Diese schaltete die Musik aus und steckte das Handy in ihren Rucksack. Das Lächeln auf ihrem Gesicht war verschwunden.

»Hat ja keinen Sinn«, murmelte sie. Das Gelächter hörte noch immer nicht auf.

»Lasst sie doch«, meinte Hanna, »es muss ja nur ihr gefallen.« Sie versuchte, ein neues Thema anzuschneiden: »Ist Bowling am Freitag für euch noch aktuell? Dann würde ich die Bahn reservieren.« Aber niemand ging auf sie ein, stattdessen sang Alexander vor sich hin:»Andrea steht auf Eminem.« Dazu klatschte er in die Hände.»Andrea träumt von einem Date mit Eminem.«

»Das stimmt ja überhaupt nicht«, wehrte sich diese.»Ich habe nur gesagt, dass ich seine Musik gut finde ...«

Mit einem genervten Seufzer legte sich Hanna auf den Steg.»Ihr seid ja kindisch.«

»In deinem Zimmer sind sicher alle Wände mit Eminem-Postern vollgehängt«, rief Moritz.

»Und sie schläft in Eminem-Bettwäsche«, doppelte Alexander nach. Moritz brüllte vor Lachen.

»Mach doch mal deine Jacke auf«, forderte Alexander Andrea auf,»willst du uns nicht dein Eminem-T-Shirt zeigen?«

Andrea sagte nichts mehr. Hanna war ihr dankbar. Man hätte ihr sowieso jedes Wort im Mund umgedreht und daraus einen weiteren Witz kreiert.

»Gibt es noch ein anderes Thema?«, startete Hanna einen neuen Versuch, das Thema zu wechseln.

Alexander nickte.»Wie wäre es mit ... Eminems neuestem Song?«

»Mann!«, raunte Hanna ihm zu. Sie schloss die Augen und hoffte, dass die Jungs irgendwann aufgaben, wenn man ihnen kein neues Futter lieferte. Die Stimmung war ja wirklich total ätzend. Moritz und Alexander so überdreht und Andrea wirkte ziemlich genervt. Sonst waren die Nachmittage auf dem Steg immer so toll. Meistens blieben sie bis zur Dämmerung, weil sie sich so viel zu erzählen hatten über Dinge, die in der Schule passierten oder im Fernsehen kamen. Nur weil Andrea einen anderen Musikgeschmack hatte, brauchte man ja nicht gleich eine solche Show abzuziehen. Die beiden würden es jetzt wirklich noch schaffen, Andrea die ganze Freude zu verderben! Hanna wäre es auch nie in den Sinn gekommen, sich Songs von Eminem anzuhören und schon gar nicht ein Konzert von ihm zu besuchen. Aber wenn Andrea das toll fand, war das doch okay. Deshalb brauchte man ja nicht Eminem als den größten Loser hinzustellen und seine Fans als Spinner zu bezeichnen.

»Sind da noch Chips drin?«, hörte sie Andreas Stimme. Hanna sah auf. Endlich ein neues Thema! Sie hätte ihr um den Hals fallen können. Andrea zeigte auf die Dose, die neben Alexander stand. Dieser nickte.

»Kann ich sie mal kurz haben?«

Hanna hatte sich zu früh gefreut, denn Moritz und Alexander schienen mit Andreas Lieblings-Rapper noch nicht abgeschlossen zu haben.

»Aber da ist ja gar kein Eminem drauf«, meinte

er. Das war ja wirklich langsam penetrant! Wenigstens warf er Andrea dann trotzdem die Dose zu. Doch kaum hatte sie sie aufgefangen, glitt sie ihr aus den Händen und plumpste ins Wasser.

»Oops«, machte Andrea und sah hinunter. Die Dose trieb im Wasser. Andrea beugte sich nach unten, aber der Steg war zu hoch, um sie herauszufischen. Sie musste lachen.

»Kannst du nicht aufpassen?«, fuhr Alexander sie an.

»Sorry.«

»Du bist ja echt für alles zu doof.«

»Sorry, ich hab's ja nicht absichtlich getan.«

»Ich hab's nicht absichtlich getan«, äffte Alexander sie nach. Es war ihm anzusehen, dass er ziemlich sauer war. »Die Dose war noch voll.«

»Es ist ja nur eine Chipsdose«, versuchte Hanna ihn zu beruhigen, »davon geht doch die Welt nicht unter.«

»Aber ich habe jetzt Lust auf Chips! Und ich weiß wirklich nicht, weshalb man so doof lachen muss.«

»Es sah einfach witzig aus«, verteidigte sich Andrea.

»Witzig! Soll ich von dir auch was ins Wasser werfen? Dann sehen wir, wie witzig das ist.« Auch wenn das bestimmt nur so dahergesagt war, schnappte Andrea schnell ihr Handy und steckte es in die Hose.

»Eminem macht wirklich doof«, stellte Moritz fest. Damit wollte er eigentlich von den Chips ablenken, aber der Satz war ein gefundenes Fressen für Alexander. »Genau, von einem Eminem-Fan kann man nichts anderes erwarten.«

»Wie seid denn ihr heute drauf?«, mischte sich Hanna ein. »Sie hat euch doch nichts getan.«

»Das haben wir auch nicht behauptet«, widersprach Moritz, »sie hat selber angefangen, über ihren Lieblingsstar zu plappern.«

»Über den süßen Eminem«, präzisierte Alexander.

In diesem Moment packte Andrea ihren Rucksack und stand auf. »Das muss ich mir nicht länger anhören.«

»Jetzt dreht sie durch«, kommentierte Moritz. Das gab Andrea den Rest.

»Ich bin nicht hierhergekommen, um mich zum Gespött zu machen«, schimpfte sie, »das kann mir wirklich gestohlen bleiben.«

»Bleib doch hier«, bat Hanna sie. »Sie haben es nicht so gemeint.«

»Du hast doch gehört, was sie gesagt haben«, beharrte Andrea. »Die haben es nur darauf angelegt, mir die Laune zu verderben.«

»Hör nicht auf sie. Wir wollten doch noch die Details für unseren Bowlingabend am Freitag besprechen.«

34

»Ohne mich«, meinte Andrea und lief mit

schnellen Schritten in Richtung Ufer. Der Steg schwankte heftig.

»Sie rennt nach Hause in ihr Eminem-Zimmer«, witzelte Moritz. Hanna warf ihm einen vernichtenden Blick zu. Am liebsten hätte sie ihn jetzt ins Wasser geschubst. »Du bist jetzt besser still.« Ihre Stimme war so schneidend, dass niemand einen Widerspruch auch nur in Betracht gezogen hätte. Einige Augenblicke schwiegen alle. Sie beobachteten, wie Andrea ihr Fahrrad die Böschung hinaufschob und dann davonfuhr.

»Wirklich eine tolle Bescherung«, seufzte Hanna nach einer Weile, »das hätte echt nicht sein müssen.«

Alexander streckte die Arme von sich. »Ich konnte ja nicht wissen … Wir haben doch nur ein bisschen Spaß gemacht.«

»Du weißt genau, dass sie Eminem toll findet.«

»Aber sie kennt uns doch, wir haben das doch nicht so gemeint.«

»Und so aufgedreht wie sie heute war, das war ja echt nicht erträglich«, ergänzte Moritz.

Hanna verstand die Welt nicht mehr. Hatten die beiden Tomaten auf den Augen? »Bisher wurde bei uns aber noch niemand so krass ins Lächerliche gezogen. Ein Wunder, dass sie so ruhig geblieben ist.« Sie zog das Handy aus ihrer Hosentasche und stand auf.

Moritz sah sie neugierig an. »Was hast du vor?«

»Ich ruf sie an und sag, dass sie zurückkommen soll.«

»Wenn sie die Beleidigte spielen will, dann soll sie das«, meinte Alexander.

Moritz war seiner Meinung. »Lass sie ruhig ein bisschen schmollen.«

»Ihr solltet euch bei ihr entschuldigen«, schlug Hanna vor.

»Für was denn?«, erwiderte Alexander. »Wir haben doch gar nichts getan.«

Hanna wählte Andreas Nummer. Aber es kam nur die Mailbox. Sie überlegte ein paar Sekunden, ob sie eine Nachricht hinterlassen sollte, aber dann legte sie auf. Was hätte man in einer solchen Situation schon sagen sollen? Und eigentlich war das nicht ihre Aufgabe. Moritz oder Alexander hätten sie anrufen sollen. Aber momentan hätte Andrea wahrscheinlich nur gleich wieder aufgelegt. An ihrer Stelle hätte sie sich mit einer einfachen Entschuldigung nicht zufrieden gegeben. Die beiden waren ja echt ausfallend geworden. Ein paar Witze zu reißen, war ja okay. Aber Moritz und Alexander schienen es sich zum Ziel gesetzt zu haben, Eminem vor Andrea total schlecht und lächerlich zu machen. Sie sah auf die Uhr. Eigentlich hatte sie vorgehabt, länger zu bleiben. Aber die Lust war ihr vergangen. Für sie war der Nachmittag gelaufen.

»Ich mach mich auch langsam auf den Weg.«

Die beiden Jungs waren perplex.

»Was ist das jetzt für eine Tour?«, beschwerte sich Alexander. »Macht ihr das jetzt absichtlich?«

Hanna schüttelte den Kopf. »So macht es einfach keinen Spaß mehr. Die Szene war voll daneben.« Sie packte ihre Sachen zusammen und schulterte den Rucksack. »Ich frage mich, wie ihr das mit Andrea wieder geradebiegen wollt.«

Fünf Stunden
unter Starkstrom

Es hätte wohl kaum etwas Besseres passieren
können als dieser Anruf. Natascha machte vor Begeisterung einen Luftsprung. Manchmal musste
man nur ein bisschen warten und schon lösten
sich die Probleme von ganz allein. Janine wusste
wahrscheinlich gar nicht, was sie mit ihrem Anruf
bewirkt hatte. Eben war Natascha noch total genervt gewesen, aber nun strotzte sie vor Optimis-
mus. Das würde ein super Tag werden!

Im Flur roch es nach Kaffee. Sie war die Letzte,
ihre Mutter und Klara saßen schon am Früh-
stückstisch, ihr Vater presste gerade Orangen
aus. Natascha schnitt eine Grimasse. Dieser selbst
gepresste Saft – jeden Sonntag dasselbe. Dabei
schmeckte diese gelbliche Flüssigkeit einfach
furchterregend. Warum hatte es sich ihr Vater nur
in den Kopf gesetzt, dass das zum Sonntagsfrüh-
stück gehören musste? Natascha hockte sich neben ihre Schwester, die bereits total aufgedreht
von irgendeinem Zeichentrickfilm aus dem heutigen Morgenprogramm erzählte, und ließ sofort

die Bombe platzen: »Ich bin heute den ganzen Tag weg!«

Alle drehten überrascht den Kopf in ihre Richtung.

»Du hast uns gestern gar nichts davon gesagt«, meinte ihr Vater.

»Weiß ich auch erst seit eben«, erklärte Natascha, »Janine hat gerade angerufen und gefragt, ob ich kurzfristig Zeit habe.«

Seit etwa vier Monaten engagierte Janine Natascha als Babysitterin, wenn sie und Carsten abends einen Termin hatten oder mal wegwollten. Damit konnte sie sich relativ locker etwas zu ihrem Taschengeld dazuverdienen. Den Job hatte sie dank ihrer besten Freundin Nina bekommen. Diese passte auf den Sohn von Janines bester Freundin auf.

»Du warst doch erst gestern dort«, sagte ihre Mutter, die überhaupt nicht begeistert war von Nataschas Plänen.

Natascha ließ sich davon nicht aus der Ruhe bringen, nahm ein Brötchen aus dem Korb und schnitt es auseinander. »Ist doch egal. Sie wollen das schöne Wetter nutzen und eine Tour mit ihren Bikes unternehmen.«

»Wann musst du dort sein?«, fragte ihr Vater.

»In einer Stunde.«

»Aber ich wollte mit dir eine Runde Gummitwist spielen«, erinnerte Klara sie.

Natascha verdrehte die Augen. »Das ist nun wirklich nicht so wichtig.« Gummitwist war doch total out. Das musste man eigentlich auch schon im Alter ihrer Schwester verstanden haben. Natascha war froh, heute bei Janine und Carsten gebraucht zu werden. Am Ende wäre Klara noch auf die Idee gekommen, dass Natascha den ganzen Tag für den Gummitwist opfern sollte.

Ihre Mutter nahm einen Schluck Kaffee. »Und wann dürfen wir wieder mit dir rechnen?«

»Keine Ahnung.« Janine hatte etwas von »ein paar Stunden« gesagt. Das konnte vieles heißen. Wahrscheinlich würde sie bis zum frühen Nachmittag dort sein. Ein Ausflug mit den Bikes dauerte ja nicht so lange. Dann hätte sie den Nachmittag und den Abend für sich und könnte noch ein bisschen lesen oder im Bett Musik hören.

»Dann bist du zum Grillen nicht da?«

Natascha warf ihrem Vater einen überraschten Blick zu. »Grillen? Ist es dafür nicht zu kalt?«

Er zuckte mit den Schultern. »Grillen kann man schon, wir essen einfach drinnen.«

Einen Augenblick lang tat es ihr leid, dass sie das verpassen würde, aber das Essen machte auch nur einen sehr kleinen Teil des Tages aus. Und den Rest wäre sie verpflichtet, sich mit ihrer Schwester abzugeben oder auf dem Zimmer Däumchen zu drehen. Sonntage waren öde. Mit den Freundinnen konnte sie nichts unternehmen und auch sonst war tote Hose. Es kam einem so vor, als ob jemand die Pausetaste gedrückt und einem eine langweilige Zeit des Wartens bis Montagmorgen auferlegt hätte.

Natascha sah auf die Uhr. Für den Fußweg brauchte sie etwa zehn Minuten. Janine und Carsten wohnten in einer Wohnsiedlung in der Nähe des neuen Multiplexkinos. »Ich muss langsam los.«

»Keine Sorge, ich werde mit dir ein bisschen Gummitwist machen«, beruhigte ihre Mutter Klara, die begann, gegen Nataschas frühen Aufbruch lauthals Einspruch zu erheben.

Natascha holte in ihrem Zimmer den Rucksack, stopfte schnell ein paar Zeitschriften und den Krimi, den sie gestern begonnen hatte, hinein und zog los. Gestern Abend hatte sie sich den Kopf zerbrochen, was sie mit dem heutigen Tag anfangen sollte. Nicht, dass sie besonders vernarrt gewesen wäre in Janines Kinder. Das Baby war etwa sechs Monate alt und tat nichts anderes als schlafen und schreien. Und Luis war fünf. Der hielt einen nonstop auf Trab. Aber meistens vergingen die beiden Stunden trotzdem wie im Flug. Und sie konnte nebenbei sogar mit ihren Freundinnen telefonieren oder fernsehen. Janine und Carsten hatten einen riesigen Flachbildfernseher. Das war
42 jedes Mal ein Erlebnis. Ihre Wohnung war sowieso cool eingerichtet – da hielt man sich einfach

gerne auf. Schon allein das Regal im Wohnzimmer, das von oben bis unten mit DVDs gefüllt war. Man konnte schon eine Stunde damit verbringen, die verschiedenen Filmtitel zu studieren. Heute hatte sie wohl etwas mehr Zeit als sonst. Da konnte sie es sich mit ihrem Krimi gemütlich machen, ohne dass sie von ihren Eltern oder ihrer Schwester gestört wurde. Und das Beste: Sie bekam dafür noch Geld.

Als Natascha im dritten Stock angekommen war, wartete Carsten schon in der Tür. »Mit dir haben wir ein riesiges Glück«, rief er ihr entgegen, »toll, dass du so spontan bist!«

Janine setzte ihren Fahrradhelm auf. »Alles wie immer«, murmelte sie, während sie versuchte, die beiden Bändel des Helms zusammenzustecken. »Du weißt ja, wo alles ist. Luis sieht gerade fern. Aber wenn die Serie zu Ende ist, wird ausgeschaltet. Da kann er noch so betteln. Unsere Handynummer hast du.«

»Wir sind in etwa vier Stunden wieder zurück«, versprach Carsten, »wenn das für dich okay ist? Der Kühlschrank ist voll – du findest sicher was Leckeres zum Essen.« Und schon rannten die beiden die Treppe hinunter. Natascha schloss die Tür hinter sich und atmete ein paarmal tief durch. Die ersten Augenblicke waren immer etwas merkwürdig. Da war sie in einer fremden Wohnung und hatte plötzlich die Verantwortung für zwei kleine Kinder. Davon konnte einem leicht schwindlig werden.

Sie ging ins Wohnzimmer und begrüßte Luis. Als Antwort kam ein knappes »Hallo«. Er schien vom Fernsehprogramm total gefesselt zu sein. Das war schon mal gut. Von dem würde sie vorerst nichts hören. Luis' Schwester lag im Zimmer nebenan in ihrem Bettchen und schlief. Ausgezeichnet! Besser hätte es nicht kommen können. Das würde einer der besten Sonntage seit Langem werden. Natascha verzog sich in die Küche und stellte Wasser auf. Janines Cappuccinopulver war ein Traum. Davon trank sie immer gleich mehrere Tassen. Sie hatte sie schon lange mal fragen wollen, wo sie dieses Pulver auftrieb. Während das Wasser warm wurde, kontrollierte sie den Kühlschrank. Seit gestern Abend hatte sich nicht viel geändert. Sie schnappte sich ein Stück Wurst und stopfte es sich in den Mund. Ihr fiel ein, dass sie zum ersten Mal tagsüber auf die Kinder aufpasste, sonst wurde sie immer abends engagiert. Und da war es jeweils ganz gemütlich. Sie war so eine Art Aufpasserin für den Fall der Fälle, der sowieso nie eintraf. Sie konnte in der Zeit machen, was sie wollte. Es war auch schon vorgekommen, dass sie dann frech die Wohnung durchstöberte oder im Bad heimlich Janines Schminkutensilien ausprobierte. Was die Kinder betraf, war sie eigentlich überflüssig. Bisheriges Fazit: Luis war während ihrer Anwesenheit noch kein einziges Mal aufgewacht.

»Was machst du da?«

Sie fuhr herum. Luis sah sie fragend an. Natascha hasste solche Überraschungsangriffe, da fühlte man sich ertappt, selbst wenn man gar nichts Verbotenes getan hatte. »Ist die Sendung schon zu Ende?«

»Es läuft gerade Werbung. Mia hat die ganze Nacht geweint. Mama und Papa konnten fast nicht schlafen. Sie bekommt Zähne.«

Natascha schnitt eine Grimasse. Warum hatte Janine das nicht vorher erwähnt? Mia war gestern schon anstrengend gewesen. Als hätte sie es mit ihrem Bruder abgesprochen, ging in diesem Augenblick das Geschrei los. Luis hielt sich die Ohren zu. »Nicht schon wieder!«

Mia strampelte mit den Füßen und streckte ihre kleinen Fäuste in die Luft, als müsste sie einen Feind abwehren. Natascha hob sie aus dem Bett. Mia fuchtelte noch immer herum. Es war echt eine Meisterleistung, ihren Fäusten auszuweichen. Natascha versuchte es mit beruhigendem Baby-Talk. Das hatte ihr Nina vor ihrem ersten Einsatz als Babysitterin beigebracht. Meistens wirkte es Wunder. Und auch dieses Mal sah es zunächst so aus, als würde Mia darauf ansprechen. Aber nach einer kurzen Pause ging das Geschrei von vorne los. Natascha wusste, dass sie ruhig bleiben musste. Wenn sie sich die Nervosität anmerken ließ, würde es erst recht nicht klappen. Luis kam ins Zimmer, musterte die Szene und verkündete:»Mir ist langweilig.«

Mia schrie wie am Spieß.

»Geh schon mal in dein Zimmer, ich komme gleich und dann machen wir etwas zusammen.« Aber Luis hatte keine Lust, in Warteposition gesetzt zu werden.

»Leg sie ins Bett. Die hört sowieso nicht so schnell auf.«

Natascha kam es so vor, als würde Mia die Lautstärke ihres Geschreis stets steigern. Wenn das so weiterging, würde sie mit beschädigten Ohren nach Hause kommen. Das Zahnen musste ja unheimlich schmerzhaft sein.

»Ich hol mir was zu trinken«, entschied Luis.

Konnte der nicht einfach mal warten? Sah er nicht, dass seine Schwester gerade die ganze Aufmerksamkeit benötigte? So klein war er doch auch nicht mehr.

»Einen Augenblick, ich komme gleich«, zischte Natascha. Aber Luis war bereits aus der Tür geflitzt. Es blieb ihr nichts anderes übrig, als Mia wieder in ihr Bett zu legen und sich an Luis' Fersen zu heften. So aufgedreht wie er war, ließ sie ihn besser nicht aus den Augen.

Was wurde hier gespielt?, war ihr erster Gedanke, dann schrie sie: »Bist du verrückt geworden?« Luis hatte den Küchenstuhl vor den Kühlschrank geschoben und war hinaufgeklettert. Als Natascha ihn erreichte, griff er gerade nach einem Joghurt-Drink. Sie packte ihn, nahm ihm die Plastikflasche aus der Hand und stellte ihn auf den Boden.

»Hat dir das deine Mama erlaubt? Das ist viel zu gefährlich.« Wenn Janine das gesehen hätte, hätte Natascha wohl den Job als Babysitterin an den Nagel hängen können. Luis glotzte sie mit großen Augen an und tat so, als hätte sie sich gerade in einer Fremdsprache mit ihm unterhalten. Seufzend öffnete sie die Flasche. Luis trank mit schnellen Schlucken. Aus der Ferne war Mias Geschrei zu hören. Es klang wirklich furchterregend. Da konnte man nur hoffen, dass sie bei diesem Gebrüll das Atmen nicht vergaß.

»Das nervt«, beklagte sich Luis.

»Nicht sprechen, wenn du trinkst«, bellte Natascha im schlimmsten Oberlehrerinnen-Ton. Aber das Unglück war bereits geschehen: Der Erdbeer-Drink hatte sich mit einem dunklen Fleck auf dem T-Shirt verewigt.

Natascha platzte der Kragen. »Kannst du nicht aufpassen?«

Luis war sich natürlich keiner Schuld bewusst. Natascha griff nach einem Wischlappen und versuchte, den roten Fleck zu beseitigen. Aber vergeblich. Durch das Wischen wurde die Bescherung nur noch größer. Sie nahm Luis an der Hand und zog ihm in seinem Zimmer ein neues T-Shirt an. Aber der war damit nicht einverstanden.

»Ich will das nicht«, schimpfte er und riss es sich vom Körper. Natascha stöhnte. Warum akzeptierte er nicht einfach ein einziges Mal, was sie tat? Sie ließ ihn selber ein T-Shirt aussuchen.

»Du legst dich jetzt auf den Boden und ich lege ein Hörspiel ein«, bestimmte sie, nachdem die T-Shirt-Wahl geklärt war. Sie rechnete schon mit entrüstetem Widerstand. Aber erstaunlicherweise fand er die Idee gar nicht so doof. Wahrscheinlich hatte er ihrer Stimme entnommen, dass es nicht mehr viel gebraucht hätte, bis sie explodiert wäre. Während der Titelsong des Hörspiels losdudelte, kontrollierte Natascha, ob mit Mia alles in Ordnung war. Komischerweise war sie verstummt. War ihr etwas passiert? Aber nur ein Fehlalarm: Sie war bloß eingeschlafen. Auf Zehenspitzen schlich sie aus dem Zimmer.

Der Cappuccino war inzwischen kalt geworden. Während sie ihn in der Mikrowelle aufwärmte, rief sie Nina an. »Hier geht es drunter und drüber«, legte sie sofort los.

»Es ist gerade schlecht.« Nina war mit ihren Eltern unterwegs in einen Freizeitpark.

»Wollte fragen, ob du Lust hast, ein bisschen vorbeizuschauen und mit mir Mittag zu essen.« Mit Luis konnte man sich ja nicht unterhalten.

»Du bist heute Babysitten?«

Natascha erzählte, dass Janine sie heute Morgen angerufen hatte.

»Und deine Eltern haben nichts dagegen? Meine würden einen Aufstand machen. An einem Sonntag! Ist dir das nicht schade um den Tag?«

Natascha runzelte die Stirn. »Ich bekomme dafür doch Geld.«

»Aber ich hab gedacht, dir gehen kleine Kinder schnell auf die Nerven?«

Das konnte Natascha nicht leugnen.

»Und dann opferst du freiwillig den ganzen Sonntag dafür?«, wunderte sich Nina.

Wie war die denn heute drauf? Jetzt hatte sich auch ihre beste Freundin gegen sie verschworen.

»Andere sitzen den ganzen Tag vor dem Computer«, meinte Natascha patzig.

»Das ist doch etwas ganz anderes.« Ihre Stimme wurde undeutlicher. »Wir kommen gerade in einen Tunnel, ich muss Schluss machen.« Sie versprach, sich bei Natascha zu melden, sobald sie zurück war.

Natascha hielt das Handy gegen das Kinn. Hätte sie Nina bloß nicht angerufen. Sie war ja schon ohne diesen Anruf genervt genug gewesen. Sie nippte am Cappuccino und verzog das

Gesicht. Aufgewärmt schmeckte er total fad. Sie schüttete ihn in den Abfluss. Als der letzte braune Schwall im Loch verschwand, hörte sie von nebenan einen dumpfen Knall. Sie fuhr zusammen. »Luis?« Sie sprintete ins Kinderzimmer. Von Luis weit und breit keine Spur.

»Luis?« Wo war er? Auch im Wohnzimmer war er nicht. Woher war der Knall gekommen? Sie sah im Schlafzimmer nach.

Luis versuchte gerade, die schwere Lampe auf den Nachttisch zu hieven. Er war schon ganz rot vor Anstrengung.

»Ist runtergefallen«, erklärte er.

Natascha nahm ihm die Lampe aus den Händen. »Wie ist das passiert?« Wollte er sie absichtlich in den Wahnsinn treiben?

»Ich bin ein bisschen auf dem Bett herumgehüpft und plötzlich ist die Lampe runtergefallen.« Natascha holte gerade tief Luft, um ihm die Standpauke des Jahres zu halten, aber zu seinem Glück kam das Telefon dazwischen. Sofort rannten beide in die Küche, Natascha bekam es jedoch vor ihm zu fassen. Sie versah Luis mit einem triumphierenden Blick.

»Ist alles in Ordnung?« Janine hörte sich an, als wäre sie seit zwei Wochen auf einer Kreuzfahrt in der Karibik: entspannt und bestens gelaunt.

Nach einem kurzen Blick auf Luis verzichtete

Natascha darauf, von dem Zwischenfall zu erzählen, und plapperte etwas davon, dass sie sich gerade zu zweit überlegten, was sie zu Mittag essen wollten. Janine war erleichtert.

»Luis war heute Morgen etwas aufgedreht«, gestand sie, »schön, dass du alles im Griff hast.« Sie schwärmte von der traumhaften Aussicht, die sie gerade genossen. »Ist es in Ordnung, wenn es später wird? Wir brauchen für die Route nun doch etwas länger. Lange Rede, kurzer Sinn: Vor vier sind wir nicht zurück.«

Natascha schluckte. Dann musste sie ja noch ewig bleiben! Doch bevor ihr eine Ausrede einfiel, hatte Janine die Verbindung bereits unterbrochen. Sie legte das Telefon auf das Sideboard und sah Luis an.

»Ab jetzt keine Dummheiten mehr! Wir kochen etwas miteinander und danach machst du ein Nickerchen.«

Luis war für Spaghetti. Aber darauf ließ sich Natascha nicht ein – die Gefahr einer weiteren Kleckerkatastrophe war zu groß. Sie entschied sich für Würstchen und den Kartoffelsalat, der schon fix und fertig im Kühlschrank wartete – das war für beide ungefährlicher. Luis gab in den nächsten Minuten überraschenderweise keinen Pieps mehr von sich und beobachtete neugierig, wie die Würstchen in der Pfanne heiß wurden. Natascha deckte inzwischen den Tisch.

Mias Gebrüll hatte wieder an Stärke gewonnen.
»Iss nur weiter«, sagte sie zu Luis, »ich gehe
kurz zu ihr.« Irgendwie hatte sie sowieso keinen
Appetit. Der Kartoffelsalat schmeckte nicht besonders. Ihre Mutter bekam das besser hin. Und
sie hatte den ganzen Kühlschrank vergeblich
nach Senf durchstöbert. Im Kinderzimmer sah sie
sofort, was der Grund für das Geschrei war. Nein,
sie roch es. Skeptisch blickte sie zum Wickeltisch.
Janine hatte ihr vor langer Zeit mal erklärt, wie
man die Windeln wechselte. Zum Glück hatte sie
das bis jetzt noch nie machen müssen. Es war
nicht mal ein Uhr. Sie wollte sich nicht ausmalen,
wie schlimm der Gestank war, wenn die Windel
bis vier Uhr nicht gewechselt wurde.

»Das schaffen wir mit links«, sagte sie laut, um
sich, aber auch Mia Mut zu machen, und hob sie
aus dem Bettchen. Wenigstens hörte sie auf zu
brüllen. Sie legte sie auf den Wickeltisch und öffnete die Windel. Sie verzog das Gesicht. Das roch
ja einfach fürchterlich. Warum hatte sie Janine
zugesagt? Der Gummitwist mit ihrer Schwester
wäre dagegen eine total paradiesische Beschäfti-
gung gewesen.

»Konzentrier dich!«, trieb Natascha sich selber
an. Sie musste jetzt ganz genau überlegen, sonst
klappte das nie mit dem Windelwechseln. Janine
und Carsten amüsierten sich bestimmt prächtig,
während sie sich hier zum Affen machte.

Sie hatte es schon die ganze Zeit geahnt, aber den Gedanken bis zum Schluss erfolgreich in die hinterste Ecke ihres Gehirns gedrängt: Von Luis hatte man in den letzten Minuten keinen Ton gehört. Das verhieß nichts Gutes. Dass der einfach nur eingeschlafen war, war ausgeschlossen. Sie wusch sich im Badezimmer die Hände und atmete ein paarmal tief durch, bevor sie für ihre Rückkehr in die Küche bereit war. Als Erstes musste sie laut lachen. Sie hatte ja mit allem gerechnet. Aber Luis war in Sachen Überraschungen wirklich ein riesiges Talent. Beruhigend war: Luis sah total munter und glücklich aus. Das war schon mal eine gute Nachricht. Aber gleichzeitig realisierte sie, dass sie nun richtig viel Arbeit hatte.

Sie packte Luis an der Hand. »Zeit für einen Mittagsschlaf!« Sie verzichtete auf einen Tobsuchtsanfall. Was hätte es schon gebracht? Sie breitete die Bettdecke über ihn und ließ den Rollladen herunter. Luis machte keinen Mucks.

Erst danach wagte sie, die Küche genauer unter die Lupe zu nehmen. Es kam ihr so vor, als hätte sich der Zustand inzwischen verschlimmert: Während Natascha Mia gewickelt hatte, hatte Luis die Küche in einen Kriegsschauplatz verwandelt. Aus nicht nachvollziehbaren Gründen musste er den Einfall gehabt haben, dass Würstchen mit Ketchup doch besser schmeckten. Der Holztisch war mit roten Flecken übersät, auch auf dem Boden war Ketchup zu finden. Natascha schnappte sich den Wischlappen und begann, sauber zu machen. Schnell merkte sie, dass die Flecken nur schwer rausgingen. Die Masse war total klebrig. Sie schrubbte mit ganzer Kraft. Sie war sauer auf Luis und gleichzeitig sauer auf sich selber. Eigentlich hatte sie sich das Ganze selber eingebrockt. Wer kam schon auf die doofe Idee, einen freien Tag für einen solchen Quatsch zu opfern? Klar, sie verdiente dabei etwas Geld. Aber wenn das hieß, dass der freie Tag draufging und sie sich halb kaputt schinden musste, dann konnte sie darauf verzichten.

Von vier Uhr konnte keine Rede sein, es war fast halb fünf, bis Janine und Carsten zu Hause waren. Luis sprang ihnen entgegen und ließ sich von seiner Mutter umarmen. Carsten war braun geworden. Janine führte sich auf, als wäre ihr soeben ein Superstar über den Weg gelaufen.

»Es war einfach toll«, schwärmte sie. »Wir haben ein echt schnuckliges Restaurant entdeckt. Du kannst dir gar nicht vorstellen, was für eine tolle Aussicht man von dort hat. Aber nun bin ich echt müde – müde, aber happy.« Sie legte den Helm auf den Boden und ging in Mias Zimmer.

Carsten sah sich um. »Habt ihr drei einen schönen Tag gehabt?«

Natascha seufzte. Besser sie fing jetzt nicht an, die ganze Story auszubreiten, sonst kam sie gar nicht mehr von hier weg. Sie wollte einfach nur noch nach Hause.

»Ich hab meinen Eltern versprochen ...«, setzte sie an und deutete auf ihre Armbanduhr. Aber Carsten wollte eh nicht mehr wissen, stattdessen drückte er ihr zwei Scheine in die Hand. Natascha ließ sie sofort in ihrer Jeans verschwinden. Wenn sie daran dachte, wie viele Nerven sie der heutige Tag gekostet hatte, hätte sie eigentlich den doppelten Lohn bekommen müssen.

Janine war etwas verwirrt, als sie wieder in den Flur zurückkehrte. »Warum trägt Luis ein anderes T-Shirt?« Natascha erzählte, was passiert war.

»Wir melden uns wieder, wenn wir dich brauchen«, meinte Janine, »das können wir gern bald wiederholen.«

Natascha hatte Kopfschmerzen. Und morgen musste sie wieder früh aufstehen. Wenn sie ehrlich war, hatte dieser Sonntag überhaupt nichts gebracht, nur Stress. Dagegen war die Schule das reinste Ferienprogramm. Als Erstes stach ihr der Esstisch im Wohnzimmer ins Auge. Er war mit gebrauchtem Geschirr übersät. In einem Glas war ein letzter Rest Cola und auf der Tischdecke ein roter Fleck. Was war denn bei ihr zu Hause los? Ihre Eltern waren dabei, abzuräumen.

»Habt ihr Besuch gehabt?«, fragte Natascha. Sie dachte angestrengt nach, ob sie etwas vergessen hatte. Heute Morgen hatte doch niemand etwas davon erzählt?

»Tanja und Michael haben angerufen«, erzählte ihre Mutter, »kurz nachdem du gegangen bist.« Ihr Vater schnappte sich die Tassen und trug sie in die Küche.

Natascha war baff: »Tante Tanja?« Wollte man sie jetzt auf den Arm nehmen?

»War ein netter Nachmittag. Und die Torte, die sie mitgebracht haben, war echt lecker«, sagte ihr Vater, »ein Stück ist für dich übrig geblieben. Es ist im Kühlschrank.«

»Lisa war etwas enttäuscht, dass du weg warst«, sagte ihre Mutter, »wir haben gedacht, du tauchst nach dem Mittagessen auf ...« Sie fing an, alle Teller aufeinanderzustapeln.

»Lisa war auch da? Warum habt ihr mir nicht Bescheid gegeben?« Sie hatte ihre Cousine schon so lange nicht mehr gesehen. Sie wussten doch, dass sie sich gern mal wieder mit ihr getroffen hätte. Da gab es jedes Mal ein riesiges Gelächter.

»Wir wollten dich nicht stören«, verteidigte sich ihre Mutter, »du hättest ja eh nicht wegkönnen. Sie sind extra länger geblieben, damit sie dich noch sehen. Ihr habt euch um eine Viertelstunde verpasst.«

Ihr Vater kehrte mit einem Wischlappen ins Esszimmer zurück. »Hast du einen schönen Tag gehabt?«

Natascha murmelte etwas vor sich hin. Es war ihr jetzt zu doof, die ganze Katastrophe zu schildern.

WIE PEINLICH

Das T-Shirt machte Isabel einfach stutzig. Jetzt zerbrach sie sich schon fast eine Stunde lang den Kopf und sie war keinen Schritt weiter. Dabei hatte sie jetzt wirklich Wichtigeres zu erledigen. Vorsichtig streckte sie den Kopf zur Tür hinaus. Die Luft war rein. Schnell huschte sie ins Badezimmer hinüber und schloss hinter sich ab. Es war schon fast achtzehn Uhr und aus dem Wohnzimmer war noch immer dieses Geigenkonzert zu hören. Sie spürte, dass nun doch ihre schlimmsten Befürchtungen wahr werden könnten. Sie betrachtete sich im Spiegel. Nein, das Rot war einfach zu knallig und sah irgendwie billig aus. Sie richtete die Fotolinse ihres Handys auf den Spiegel und versuchte, den richtigen Ausschnitt zu erwischen. Beim dritten Versuch klappte es. Ihr Kopf war zwar abgeschnitten, aber dafür sah man den Hals, das T-Shirt und die oberen Regionen der Jeans gut. Das reichte für eine Beurteilung. Sie schickte es Lea. Sie hatte so viel Geld für das T-Shirt ausgegeben. Und Kristen Stewart, ihre

Lieblingsschauspielerin, hatte kürzlich genau dieses T-Shirt bei einem Interview getragen. Die hatte echt toll ausgesehen. Warum sie nicht?

Das Handy hüpfte brummend auf dem Fenstersims herum. LEA stand auf dem Display. »Ich weiß wirklich nicht, was du hast«, kam sie gleich zur Sache, »ist doch der Hammer!«

Hatte sie das Foto wirklich genau angesehen? Vielleicht sah es auf dem Handy-Display einfach besser aus als in Echt. Sie trat einen Schritt zurück und betrachtete das T-Shirt noch einmal. Irgendwie sah sie aus wie ein Knallbonbon. »Ich bleibe doch besser beim weißen.«

Lea antwortete mit einem ausgedehnten Seufzen. »Und hier kommt Isabel – besser bekannt als Miss White!«

Isabel fand es gar nicht komisch. Ihr wäre es auch lieber, wenn ihr knallige Farben stehen würden.

»Zieh das Rote an und Punkt«, befahl Lea. »Bist du gut in der Zeit?«

Isabel stöhnte. »Moment mal.« Sie hielt den Daumen aufs Mikrofon und öffnete die Tür einen Spalt. »Die Musik läuft immer noch«, raunte sie ins Handy, »dabei ist es schon sechs!«

»Und warum gehst du nicht rüber und machst eine Ansage?«

»Weil sie sich dann erst recht Zeit lassen.« Isabel kannte ihre Eltern. Die ließen sich nicht zur

Eile treiben. Im Gegenteil: Immer wenn Isabel sie unter Druck setzte, bewegten sie sich absichtlich in Zeitlupe. Isabel kam es so vor, als machten sie das nur, um sie zu ärgern.

»Ich glaube, du machst dir zu viele Sorgen«, meinte Lea, »wir kommen ja wegen dir und nicht wegen deinen Eltern oder eurer Wohnung. Und jeder von uns findet seine Eltern nicht so toll.«

»Nicht so toll? Meine Eltern sind zwei echte Freaks. Die könnte man in einem Horrorfilm mitspielen lassen und alle würden sie für die Täter halten.«

Lea musste lachen. »Du bist aber echt fies. Aber sonst hast du schon alles vorbereitet?«

Auf ihrer Liste waren beinahe sämtliche Punkte abgehakt: Die Getränke im Kühlschrank, das Popcorn in der Schüssel, die besten DVDs lagen auf dem Bett. Offen waren noch: Das peinliche Gemälde im Wohnzimmer abhängen, die gehäkelte Tischdecke entfernen und Mutters Wurstsalat in der hintersten Ecke des Kühlschranks verschwinden lassen. Sie hatte ihr mehrmals auszureden versucht, dass man heutzutage bei einem Filmabend keinen Wurstsalat servierte. Das war total out.

»Welche Filme stehen eigentlich zur Wahl?«

Isabel begann aufzuzählen, beim dritten Titel klopfte es in der Leitung.

»Sorry, da ruft noch jemand an.« Sie verabschiedete sich und nahm den anderen Anruf entgegen.

»Ich bin gleich da«, sagte Jens, »die Schlagzeugstunde war früher aus und ich hatte keinen Bock, in der Musikschule rumzuhängen.«

Isabel blickte sich mit einer vor Schreck verzerrten Grimasse im Spiegel an. Sie hatte gesagt, um zwanzig Uhr und keine Minute früher. Schnell dachte sie sich einen Rettungsplan aus: »Kannst du noch irgendwo Chips besorgen?«

Jens stutzte. »Aber ich dachte, wir müssen nichts mitbringen ...«

»Korrekt, aber ich glaube, die Chips reichen nicht.«

Er war überhaupt nicht begeistert. »Aber ist doch total weit bis zum Supermarkt ...«

»Bitte«, Isabel zog das Wort so weit in die Länge, als würde es aus sieben Silben bestehen. Auch damit konnte sie etwas Zeit gewinnen.

»Na gut, ausnahmsweise.«

Sie atmete auf. Wenigstens noch ein wenig Gnadenfrist. Sie hätte sich nicht darauf einlassen sollen. Stattdessen hatte sie sich von Jens überreden lassen. Klar, er hatte recht: Sie hatten sich jetzt schon so oft bei allen Mitgliedern der Clique getroffen, aber kein einziges Mal bei ihr. Sie hatte natürlich ihre Gründe. Aber die kannte nur Lea. Sie meinte zwar, dass Isabel etwas übertrieb. Aber Lea hatte gut reden: Sie wohnte in einer total coolen Wohnung, ihre Mutter war super nett und hip und wirkte auf die anderen eher wie Leas Schwester und nicht wie ihre Mutter. Eine komplett andere Welt als bei Isabel. Bei ihr wurde es schon peinlich, bevor der Gast die Wohnung betrat. Sie schlug sich an die Stirn: Die Fußmatte vor der Tür musste sie auch noch verstecken. Darauf waren zwei süße Katzen abgebildet. Würde der Abend doch bloß nicht stattfinden.

Jetzt war die Musik aus. Sie nahm all ihren Mut zusammen und ging in die Küche hinüber. Ihre Mutter saß am Tisch und war in eine Broschüre vertieft.

»Schon nervös?«

Isabel zuckte mit den Schultern. Eine bessere Frage hätte ihre Mutter nicht stellen können. Die verstand wieder mal nichts.

»Ist Papa noch gar nicht da?«

»Er wurde bei der Arbeit aufgehalten«, murmelte sie. »Heute Abend ist sogar eine chinesische Violinistin dabei.«

Isabel verdrehte die Augen. Was interessierte sie das? Es hätte sogar eine marokkanische oder eine außerirdische Violinistin mitwirken können und es hätte sie nicht vom Stuhl gehauen. Das Einzige, was zählte, war: Die Eltern waren außer Haus, deshalb hatte sie den DVD-Abend auf heute Abend gelegt.

»Aber ihr wolltet doch um spätestens halb sieben gehen?«

Ihre Mutter legte die Broschüre auf den Tisch.

»Willst du uns loswerden? Deine Freunde kommen doch erst um acht Uhr.«

Das war korrekt. Nur wusste ihre Mutter nicht, dass sie zwischen der Abfahrt ihrer Eltern und der Ankunft ihrer Freunde noch eine Menge zu erledigen hatte. Die Optimierung der Wohnung stand zuoberst auf der Liste. Es würde nicht mehr lange dauern und Jens stand vor der Tür. Der Abstecher in den Supermarkt würde nicht so viel Zeit in Anspruch nehmen. Es wäre wirklich besser, wenn ihre Eltern bald Leine zogen. Sonst würde man sich die nächsten Monate immer wieder über sie lustig machen: Dass ihre Mutter ein paar Pfunde zu viel auf den Hüften hatte, dass sie nonstop quasselte, dass sie merkwürdige Kleider trug ... Es reichte schon, dass sie über die altmodische Wohnungseinrichtung herziehen würden. Dabei würde Isabel ihnen nur recht geben können. Sie fand die Wohnung auch schrecklich. Wenn es nach ihr gegangen wäre, hätte sie schon lange mal richtig ausgemistet und renoviert und neu eingerichtet.

Lea kannte ihre Eltern bereits, aber die anderen brauchten sie nicht kennenzulernen. Isabel war sich nicht sicher, ob sie ihnen genauso wie Lea glaubhaft verklickern konnte, dass sie außer den

Genen mit ihren Eltern absolut nichts gemeinsam hatte.

»Ihr habt versprochen, dass ihr uns heute alleine lasst«, versuchte Isabel ihre Mutter an ihre Zusage zu erinnern. In diesem Augenblick läutete es. Das Geräusch fuhr Isabel durch Mark und Bein. Mist! Was sollte sie denn jetzt tun? Die Tischdecke im Wohnzimmer tauchte vor ihrem inneren Auge auf. Und ihre Mutter trug diesen weinroten Hosenanzug. Darin wirkte sie, als wäre sie einem uralten Dokumentarfilm entsprungen. So durfte sie keinem ihrer Freunde unter die Augen treten.

»Willst du nicht aufmachen?«

Sie schüttelte den Kopf. »Mache ich gleich.«

»Aber du kannst die Gäste doch nicht einfach draußen warten lassen ...«

»Ich mach gleich auf«, konnte sie erwidern, ehe es noch einmal läutete. Sie hechtete auf den Balkon und schaute hinunter. Jens stand vor dem Haus. In der einen Hand eine Einkaufstüte.

»Einen Augenblick«, rief sie hinunter, »ich muss noch ein paar Dinge vorbereiten.« Jens drehte den Kopf nach oben. Als er sie entdeckt hatte, winkte er.

»Ich komme gleich«, versprach sie.

Jens hielt die Tüte in die Höhe. »Lass mich rein. Ich störe dich auch nicht!«

Isabel tat so, als hätte sie es überhört: »Ein paar Minuten. Dauert nicht lange.«

Ihre Mutter war im Bad. Das war der Parfümwolke zu entnehmen, die sich im Flur ausgebreitet hatte. Warum musste die sich immer so stark einsprühen? Sie hätte wenigstens ein besseres Parfüm verwenden können. Dieses roch nach Vergangenheit. Ihre Mutter hatte ihr mal erzählt, dass dieser Duft in ihrer Jugend mal ganz groß in Mode gewesen war. Aber eben: die Jugend ihrer Mutter war schon eine Ewigkeit her. Isabel riss die Fenster in der Küche auf. Sie musste sich erst einen Notfallplan überlegen. Sie konnte die Gäste vorerst in ihr Zimmer lotsen. Dort gab es keine Peinlichkeiten. Dann musste sie einfach hoffen, dass ihr Vater bald eintraf, ihre Eltern danach sofort aufbrachen und sie noch Gelegenheit fand, die gravierendsten Dinge zu verstecken. So würde sie den Abend vielleicht doch noch ohne größere Peinlichkeiten überstehen.

Ihre Mutter kam aus dem Bad und war ganz auf die Tastatur ihres Handys konzentriert. »Wo der so lange bleibt? Er muss sich ja noch umziehen. So einen Stress habe ich gar nicht gerne. Da kann man sich nicht gut aufs Konzert einstimmen …«

Isabel hätte beinahe losgeprustet. Stress? Ihre Mutter hatte gut reden. Wenn jemand gerade den Stress des Lebens hatte, dann war sie das. Ihr Ruf stand auf dem Spiel. Alle Zeichen wiesen darauf hin, dass sie sich in Kürze zum Gespött der ganzen Clique – im schlimmsten Fall der ganzen Schule – machte. Solche Storys über peinliche Eltern waren ein gefundenes Fressen. Isabels Puls war bestimmt astronomisch hoch.

»Ich frage mal nach, wo er bleibt«, sagte ihre Mutter und hielt das Handy ans Ohr. Es läutete schon wieder. Ihre Mutter sah sie auffordernd an. Widerwillig ging sie zur Tür und drückte auf den Knopf. Sie deutete ihrer Mutter an, in der Küche zu telefonieren. Als sie dort verschwunden war, zog Isabel die Tür zu. Keine Sekunde zu früh, denn hinter ihr erklang schon Jens' Stimme: »Warum hast du nicht aufgemacht?«

»Ich war noch nicht ganz fertig.«

»Bin ich der Erste?«

Sie nickte. »Ich hab ja gesagt, um acht und keine Sekunde früher.«

Er ignorierte ihren Seitenhieb und nahm stattdessen den Flur neugierig unter die Lupe. Isabel passte das überhaupt nicht. Zum Glück war es hier ziemlich düster. Sie hatte absichtlich kein Licht eingeschaltet. »Nächste Woche wird renoviert«, flunkerte sie. Jens schien das nicht besonders zu interessieren. Er zeigte auf die Plastiktüte. »Dann bring ich das mal in die Küche.« Aber Isabel war schneller. Sie riss ihm die Tüte aus der Hand. »Ich mach das schon. Du kannst in meinem Zimmer warten.«

»Kein Problem, ist ja nicht deine Schuld«, sagte ihre Mutter und verabschiedete sich. »Bei Papa hat es einen Notfall gegeben, deshalb kommt er später. Ich hoffe, er schafft es noch.«

Bei Isabel schrillten alle Alarmglocken. Später? Noch später? Wann sollte das sein? Bis dahin wären alle ihre Freunde schon da.

»Und warum holst du ihn nicht ab?«

»Er muss sich doch noch umziehen.«

»Du kannst den Anzug mitnehmen und er zieht sich im Büro schnell um.« Das war doch keine große Sache.

»Bis ich mit dem Bus bei ihm bin, ist er mit dem Auto schon dreimal hier.«

Sie hätte sich nie auf diesen Filmabend einlassen sollen. Sie hätte darauf beharren sollen, dass ihre Eltern so etwas einfach nicht erlaubten.

Die Küchentür ging auf und Jens streckte den Kopf herein. »Sorry«, entfuhr es ihm, als er Isabels Mutter entdeckte, »ich wollte nicht stören.«

»Aber du störst doch nicht.« Sie gab Jens die Hand. »Du musst Jens sein. Ich bin Isabels Mutter.« Isabel schluckte. »Isabel ist schon sehr nervös.«

»Jens wollte auf dem Balkon ein bisschen frische Luft schnappen«, sagte Isabel schnell, bevor ihre Mutter eine weitere Peinlichkeit von sich gab.

»Willst du ihm nichts zu trinken anbieten?«, fragte ihre Mutter.

»Au ja!«, rief Jens.

»Ich bring dir gleich was«, sagte Isabel zu Jens, und zu ihrer Mutter gewandt fragte sie:»Du wolltest dich doch fertig machen?«

Ihre Mutter winkte ab.»Es bleibt mir ja eh nichts übrig, als zu warten, bis Papa auftaucht.« Isabel schenkte Jens ein Glas Cola ein. Das Handy ihrer Mutter machte sich mit einem lauten Tusch bemerkbar. Isabel warf ihrer Mutter einen wütenden Blick zu. Jetzt würde Jens sicher allen erzählen, was für einen peinlichen Klingelton ihre Mutter hatte. Zum Glück verließ sie zum Telefonieren die Küche.

»Sie sollten eigentlich schon längstens weg sein«, entschuldigte sich Isabel,»aber mein Vater hat Verspätung.«

»Kein Problem. Deine Mutter scheint okay zu sein.«

Isabel sah ihn prüfend an. War das jetzt ironisch gemeint?»Sie hat einen etwas eigenartigen Klamottengeschmack.« Wieder läutete es. Warum kamen die alle so früh? Sonst hatten sie doch auch immer Verspätung. Sie drückte wieder auf den Knopf und einige Augenblicke später stürzten Lea, Manuela und Angela aus dem Lift.

»Du wirst es nicht glauben«, platzte Manuela heraus,»Lisa hat vorhin ihren Beziehungsstatus geändert.«

Lea prustete los.»Du musst gleich nach-

69

schauen! Zehn Freunde haben es schon kommentiert. Angela und ich waren felsenfest überzeugt, dass Manuela uns auf den Arm nimmt. Ich würde echt gern wissen, mit wem die zusammen ist.«

Isabel ließ die Neuigkeit völlig kalt. Die anderen warteten vergeblich auf ein Grinsen oder einen Kommentar. Sie war total angespannt.

»Zum Glück hat Lea gewusst, wo du wohnst«, sagte Manuela, bevor die Stille zu lang wurde, »ich hab immer gedacht, es wäre ein paar Straßen weiter.«

Sie begrüßte alle mit zwei Wangenküsschen. Angela streckte ihr eine DVD entgegen. Isabel entdeckte Lindsay Lohan auf dem Cover.

»Ich habe einen weiteren Vorschlag mitgebracht. Ist ganz neu rausgekommen. Soll ein superwitziger Film sein.«

»Das sagt sie nur, weil Zac Efron mitspielt«, zog Lea sie auf. Sie schüttelten die Schuhe ab und betraten die Wohnung. Jens winkte ihnen aus der Küche zu. »Sind deine Eltern schon weg?«, raunte Lea ihr zu.

Isabel schüttelte den Kopf. »Wollt ihr nicht Jens Gesellschaft leisten? Lea weiß, wo die Getränke sind.« Während die anderen sich in die Küche begaben, machte sie sich auf die Suche nach ihrer Mutter. Sie kam gerade aus dem Wohnzimmer und sagte zwei Worte, die das Schlimmste erahnen ließen: »Schlechte Neuigkeiten.« Sie zeigte auf ihr Handy. »Papa hat gerade angerufen. Er schafft es tatsächlich nicht mehr rechtzeitig. Dann muss das Konzert wohl ohne uns stattfinden.«

»Was?« Ihre Mutter hatte jetzt sicher etwas ganz anderes gesagt und sie hatte sich bloß verhört. »Aber ihr habt mir versprochen, dass ...«

»Wir machen das ja nicht absichtlich. Ich bin selber enttäuscht, dass ich nicht ins Konzert kann.«

»Aber ich bekomme heute Besuch.«

»Wir stören euch schon nicht«, meinte ihre Mutter. Aus der Küche war lautes Gelächter zu hören. Jens und die Mädchen schienen Spaß zu haben.

»Heute gehört die Wohnung mir«, sagte Isabel, »ihr habt mir versprochen, dass ich sturmfrei habe.«

»Wir lassen euch im Wohnzimmer ganz allein«, beruhigte sie ihre Mutter. »Ihr werdet kaum mitbekommen, dass wir da sind.« Kapierte ihre Mutter denn gar nichts? Sturmfrei hieß sturmfrei. Da waren keine Eltern anwesend. Weder im Wohnzimmer, noch in der Küche, noch sonst irgendwo in der Wohnung. Es blieb keine Zeit, die Diskussion fortzusetzen. Denn es läutete schon wieder. Sie schluckte ihren Ärger hinunter und öffnete die Tür. Es waren die letzten: Mark, Luca und Antonia. Ihre Mutter gab allen die Hand.

»Wollten deine Eltern nicht in ein Konzert?«, flüsterte Antonia Isabel zu.

»Das war anders geplant«, murmelte sie entschuldigend.

»Das ist aber eine schöne Jacke«, rief ihre Mutter entzückt. Antonia lief rot an.

»Ich hab sie schon länger.«

»Geht doch schon mal ins Wohnzimmer«, forderte Isabel die Neuankömmlinge auf, »ich hole gleich die anderen.« Und ihrer Mutter raunte sie zu: »Wolltest du nicht ins Schlafzimmer?« Hoffentlich fiel niemandem das peinliche Gemälde im Wohnzimmer auf. Es war zu spät, es abzuhängen.

»Schönes T-Shirt«, lobte Lea Isabel. Erschrocken starrte sie an sich herunter. In der Aufregung hatte sie gar nicht mehr daran gedacht. Sie hätte doch was anderes anziehen sollen. Aber vielleicht war es gar nicht so falsch, dachte sie bitter: Wenn sich ihre Eltern schon zum Clown machten, würde sie heute super dazu passen.

Antonia musterte die Bücherrücken im Regal, Mark und Jens tuschelten miteinander, anscheinend machten sie sich über den dunkelgrünen Lampenschirm lustig. Mark wollte gerade nach einer kitschigen Frauenzeitschrift greifen, die Isabels Mutter auf dem Couchtisch liegen gelassen hatte, aber Isabel schnappte sie ihm weg.

»Nehmt doch Platz«, forderte sie die anderen auf. Es klang eher wie ein Befehl als eine Einladung. Aber sie dachte sich: Wenn sie erst einmal saßen und der Film startete, würde niemand mehr auf die Idee kommen, seine Aufmerksamkeit der Wohnzimmereinrichtung zu widmen.

Endlich hatten es sich alle gemütlich gemacht. Mark, Antonia und Lea saßen auf dem Sofa, die anderen davor auf dem Boden. Jens präsentierte alle DVDs. Dann stimmten sie ab. Die Wahl fiel auf eine Komödie. Schnell rannte Isabel in die Küche und holte die Snacks: je zwei Schüsseln Popcorn und Paprika-Chips, dazu eine kleine Schale mit Erdnüssen. Den Wurstsalat ließ sie im Kühlschrank.

»Ist deine Mutter jetzt nicht enttäuscht?«, erkundigte sich Antonia, »sie hat sich sicher unheimlich auf das Konzert gefreut.«

»Und ich hab mich auf einen sturmfreien Abend gefreut«, gab Isabel zurück. Sollte ihre Mutter bloß im Schlafzimmer vor lauter Langeweile einpennen. Isabels Abend war verdorben. Auf den Film konnte sie sich gar nicht konzentrieren. Sie musste jede Sekunde damit rechnen, dass ihre Eltern störten und irgendeine peinliche Nummer abzogen.

Nach etwa zehn Minuten hatte Isabels Mutter ihren großen Auftritt. Alle drehten sich sofort zu ihr.

»Amüsiert ihr euch?« Sie musterte die Snack-Schüsseln. »Isabel hat ja das Leckerste vergessen. Ich hole es gleich ...«

Isabel hätte sich am liebsten auf einen anderen Planeten gebeamt. Ihre Mutter hatte wirklich ein Händchen dafür, einen DVD-Abend total zu ruinieren.

»Was hat sie denn vorbereitet?«, fragte Mark.

»Was Doofes. Ich hab ja versucht, es ihr auszureden, aber zwecklos. Ihr müsst es natürlich nicht essen. Ihr Geschmack ist etwas gewöhnungsbedürftig.«

Ihre Mutter kehrte mit dem großen Tablett ins Wohnzimmer zurück. Warum hatte Isabel das Tablett nicht irgendwo versteckt? Das grün-orange Blumenmuster sah ja wirklich von vorgestern aus. Das Tablett war vollgeräumt mit der Salatschüssel, Tellern und Servietten. »Das wird euch schmecken.«

Isabel sprang auf und riss ihr das Tablett aus den Händen. »Wir schaffen das schon allein. Jetzt wollen wir ungestört fernsehen.« Sie schob sie in den Flur hinaus.

»Sorry«, sagte Isabel zu den anderen, »ich weiß, dass meine Mutter nervt. Sie lebt etwas hinter dem Mond.«

Antonia kicherte. »Wenn die wüsste, wie du über sie redest.«

»Die eigene Mutter so fertigmachen«, zog Lea sie auf und erntete dafür einen giftigen Blick von Isabel.

Antonia schnupperte neugierig am Salat, dann lud sie sich zwei Löffel auf den Teller. Schon nach dem ersten Bissen war sie total begeistert. »Der schmeckt ja traumhaft.« Jetzt waren auch die anderen neugierig. Teller wurden herumgereicht und mit Salat gefüllt. Jens betätigte die Pausetaste.

»Das hat sie super hinbekommen«, schwärmte Mark, »schmeckt das immer so lecker?«

»Cool, dass sie extra für uns etwas vorbereitet hat«, schmatzte Antonia, »meiner Mutter würde so was nie in den Sinn kommen.«

»Guten Abend.« Alle blickten zur Tür. Isabels Vater lächelte sie an. Mit Schrecken stellte Isabel fest, dass er das gelbe Hemd trug. Sie hatte ihm doch schon tausend Mal gesagt, dass man sich damit nirgends mehr blicken lassen konnte.

»Ist der Film schon zu Ende?«

»Nur eine kurze Pause«, erklärte Jens.

»Dann wünsche ich euch noch viel Spaß.« Isabel wäre ihrem Vater am liebsten um den Hals gefallen. Endlich machte er mal etwas richtig. Sie hatte schon befürchtet, er würde sich dazusetzen und das Publikum mit seinen Kommentaren nerven, so wie er es immer tat, wenn Isabel fernsehen wollte.

»Oh nein!«, entfuhr es Antonia. Sie zeigte zum Fenster. Draußen goss es wie aus Kübeln. Jens sprang auf und trat ans Fenster. Die Bäume bogen sich im Sturm. Auf dem Balkon wurde ein Stuhl umgeworfen.

»Ich hab gar keinen Schirm dabei«, fiel es Lea ein.

»Bei dem Wetter ist auch ein Schirm zwecklos«, entgegnete Antonia, »da bist du innerhalb von Sekunden klatschnass.« Kaum hatte sie dies gesagt, drückte eine Sturmbö Wasser gegen das Fenster.

»Igitt«, rief Manuela und schauderte. Es war Viertel nach zehn. Die meisten mussten um elf zu Hause sein.

»Es hört sicher gleich wieder auf«, machte Isabel ihren Gästen Mut. Aber sie wusste selber, dass nichts darauf hindeutete. Das konnte die ganze Nacht so weitergehen.

»Ich rufe meine Mutter an, ob sie mich abholt«, sagte Lea und griff nach ihrem Handy. Aber bei ihr zu Hause nahm niemand ab.

»Na super«, seufzte Lea und ließ sich aufs Sofa fallen.

Isabels Mutter schneite ins Wohnzimmer. »Echt ungemütlich da draußen. Im Radio haben sie gerade gesagt, dass die Meteorologen nicht mit so viel Niederschlag gerechnet hätten.« Sie begann, die Teller zusammenzuräumen. »Ich hoffe, es sind alle satt geworden.«

»Ihr Salat war der Hammer!«, lobte Jens.

Als sie mit den Tellern in der Küche verschwunden war, beugte sich Antonia zu Lea hinunter und flüsterte ihr ins Ohr. Lea warf ihr einen skeptischen Blick zu.

»Was soll schon passieren?«, fragte Antonia.

Lea schien noch immer nicht überzeugt zu sein. Isabel beobachtete die Szene mit wachsender Skepsis. Worüber unterhielten sie sich? Fingen sie jetzt doch noch an, sich über ihre Mutter lustig zu machen?

Lea drehte ihren Kopf zu ihr: »Antonia will deine Mutter fragen, ob sie uns nach Hause fährt.«

»Das könnt ihr euch abschminken.« Ihre Mutter hasste Autofahren und nachts war sie sowieso nie hinter dem Steuer anzutreffen.

»Aber schau doch mal, was draußen los ist«, ließ Antonia nicht locker.

»Na schön«, meinte Isabel, »probieren können wir es ja mal. Aber ich hab euch gewarnt.« Sie gingen zu dritt in die Küche hinüber.

Isabels Mutter war gerade dabei, die Teller in die Geschirrspülmaschine zu räumen.

»Kannst du oder Papa Antonia, Lea und die anderen heimfahren?«

Ihre Mutter sah zum Fenster hinaus. »Eure Eltern holen euch nicht ab?«

»Meine sind wahrscheinlich schon im Bett«, sagte Antonia.

»Bei dem Wetter können wir euch auf keinen Fall zu Fuß nach Hause lassen«, traf Isabels Mutter sofort eine Entscheidung und rief ihren Mann. »Könntest du Isas Freunde nach Hause fahren?« Ohne lange zu zögern, willigte er ein und erkundigte sich nach den Adressen.

»Aber so viele haben in unserem Auto gar nicht Platz«, erwiderte Isabel.

Ihr Vater winkte ab. »Ich fahre zweimal, dann geht es schon.« Isabel war baff.

»Deine Eltern sind schwer in Ordnung«, raunte Antonia Isabel im Flur zu.

Lea umarmte Isabel. »Ich hab dir doch gesagt, dass es klasse wird. Sie waren ja wegen dir und den Filmen da und nicht wegen der Wohnung oder deinen Eltern.« Isabel verzog keine Miene. Hoffentlich hatten es die anderen nicht gehört. Nicht, dass ihnen gerade noch im letzten Moment wie Schuppen von den Augen fiel, wie altmodisch die Wohnung eingerichtet war.

»Soll ich nicht mitkommen?«, schlug sie vor.

Alle schüttelten den Kopf.

»Wir werden deinem Vater den Weg schon beschreiben«, sagte Jens.

Sie rang mit sich. Es wäre besser, wenn sie mitfuhr, dann konnte sie intervenieren, wenn ihr Vater etwas Dämliches erzählte.

SPRÜHENDE
FUNKEN

Rico lief vor der Tür auf und ab und sah immer
wieder auf die Uhr. Wo blieb der Typ so lange? Er
wartete bereits seit über zehn Minuten. Der Hausmeister hatte den Termin doch wohl nicht verschwitzt? Bis jetzt regnete es noch nicht. Wenigstens etwas. Wieder sah Rico auf die Uhr. Es stand
heute noch eine Menge auf dem Programm. Das
Timing durfte nicht durcheinandergeraten. Endlich sah er Herrn Dorn die Straße herunterkom-
men. Er hatte bis jetzt nur telefonisch mit ihm zu
tun gehabt, aber er sah genauso aus, wie Hausmeister eben aussehen. Und der Schlüsselbund in
seiner Hose war ein weiteres Indiz.

»Ich zeig dir kurz alles«, sagte er, nachdem sie
sich begrüßt hatten. Rico wollte protestieren. Er
war schon öfter hier gewesen. Aber wahrscheinlich war es besser, er verscherzte es sich nicht mit
Herrn Dorn. Wenn man bei solchen Typen im Mi-
nus war, konnte es nervenaufreibend werden.

Sie betraten das Gemeindehaus. Im Keller gab
es einen Raum, den die Gemeinde für private

Feste vermietete. Die Miete war ein Klacks und das Beste war: Man musste nicht ständig Angst haben, einen Teppich zu beklecken oder von den Eltern überrascht zu werden. Es war schon lange sein Traum gewesen, hier eine Party steigen zu lassen. Wider Erwarten hatte er seine Eltern nicht lange überzeugen müssen. Sie übernahmen sogar die Miete und die Kosten für Essen und Getränke – das beste Geburtstagsgeschenk seit Langem. Rico folgte dem Hausmeister die Treppe hinunter. Er bemühte sich, alles aufzunehmen. Herr Dorn quasselte ohne Punkt und Komma:»Ihr habt das Haus heute für euch ganz allein. Ihr könnt so viel Krach machen, wie ihr wollt.« Er hielt eine Hand in die Höhe.»Nur die Fenster sollten geschlossen bleiben, damit die Nachbarn ihre Ruhe haben.« Aus dem weiteren Wortschwall entnahm Rico, dass unter der Woche der Musikverein in diesem Gebäude probte und in einem Raum eine Kindertagesstätte untergebracht war. Aber am Samstagabend ließ sich natürlich niemand von denen hier blicken.

Sie passierten zwei Türen.»Die Toiletten, ich hab heute Morgen extra noch Toilettenpapier aufgefüllt.« Der Flur bog nach links ab. Vor der nächsten Tür blieb der Mann stehen und sperrte auf.»Und hier ist euer Saal.« Er ließ Rico den Vortritt. Bevor er hineinging, nahm er den Raum genau unter die Lupe.»Saal« war leicht übertrieben, es war nicht mehr als ein größerer Raum, vielleicht so groß wie ein Klassenzimmer. In Ricos Erinnerung hatte der Raum besser ausgesehen. Bei Tageslicht und ohne Dekoration wirkte das Ganze ziemlich öde. Der Lack an der Bar war schon ziemlich abgeblättert, der Linoleum-Boden hatte einige Dellen und die Wände hätte man schon längst mal wieder streichen sollen. Es roch muffig. Dem Raum war anzusehen, dass hier schon oft wilde Partys gefeiert worden waren.

Der Hausmeister öffnete einen Schrank.

»Hier sind zwei Feuerlöscher«, sagte er. »In den Toiletten gibt es auch noch einen.« An der Wand hinter der Bar war ein Telefon angebracht und daneben hing ein Blatt mit verschiedenen Nummern.

»Feuerwehr, Notarzt ... für den Notfall.«

Rico nickte. Warum gab ihm der Typ nicht einfach die Schlüssel und zog Leine? Er würde schon alleine zurechtkommen.

»Mit wie vielen Leuten rechnet ihr denn heute?«

»Etwa vierzig.«

Herr Dorn machte große Augen. »Ganz schön viele. Die sollten gerade noch Platz haben. Aber mehr als fünfundvierzig dürfen hier nicht rein – aus Sicherheitsgründen.«

Rico seufzte. Herr Dorn tat ja so, als ob jede Party in einer Katastrophe enden würde.

Herr Dorn sah sich um. »Ansonsten alles klar oder noch irgendwelche Fragen?«

Rico schüttelte den Kopf.

»Wenn etwas ist, bin ich auf dem Handy zu erreichen.« Er deutete auf die Papiere in Ricos Hand. »Ich glaube, ich bekomme noch etwas?«

Erst jetzt fiel Rico wieder der Vertrag ein, den er in der Hand hielt. Der Hausmeister kontrollierte, ob Ricos Eltern auch wirklich unterschrieben hatten.

»Die Anmietung ist etwas umständlich bei uns«, entschuldigte er sich, »aber bei Minderjährigen brauchen wir die Einwilligung der Eltern. Für den Fall der Fälle ... Und so ist alles schwarz auf weiß festgehalten.« Als Rico den Vertrag überflogen hatte, waren ihm fast die Augen aus dem Kopf gefallen. So viele Dinge waren darin aufgeführt. Dass keine Nägel in die Wand geschlagen werden durften, war noch das Harmloseste. Dabei mietete er den Raum nur für einen einzigen Abend.

Endlich bekam Rico einen Schlüssel.

»Ich wünsche euch ein schönes Fest. Wir sehen uns dann morgen Nachmittag zur Raumabnahme.« Er zeigte auf ein grünes Blatt, das auf der Bar lag.

»Steht eigentlich auch schon im Vertrag, aber hier ist nochmals eine Checkliste, wie der Raum zu verlassen ist. Wenn etwas kaputtgeht, besser melden als vertuschen.« Er schärfte Rico ein, nach der Party genau zu kontrollieren, ob sich niemand mehr im Gebäude befand, und erst danach alles gut abzuschließen.

»Es ist schon vorgekommen, dass jemand über Nacht in der Toilette eingesperrt wurde«, meinte er grinsend. »Nicht gerade ein angenehmes Ende für eine Party.«

»Da muss man aber schon sehr doof sein«, erwiderte Rico, der langsam ungeduldig wurde. Der Typ tat ja so, als wäre er der Verantwortung nicht gewachsen.

»Es gibt nichts, was es nicht gibt. Da könnte ich dir noch manche schräge Geschichte erzählen.« Rico wollte das Gespräch beenden, aber Herr Dorn schien selber gemerkt zu haben, dass er sich jetzt besser aus dem Staub machte. »Ich will dich nicht länger aufhalten. Ihr habt sicher noch viel zu tun.«

Rico begleitete Herrn Dorn nach oben. Kaum war er außer Hörweite, rief er Philipp an.

»Alles in Butter! Ich hab die Schlüssel.«

Sein Kumpel war gerade dabei, die Lautsprecher in den Wagen seines Bruders zu laden. »Cool, dann kann es jetzt losgehen.« Sie wollten in spätestens zwanzig Minuten hier sein. Rico sah zum Himmel. Die ersten Regentropfen. Für heute Abend war Regen angesagt. Da konnte man von Glück reden, dass sie keine Party im Freien machten, wie es Philipp zuerst vorgeschlagen hatte. Ricos Geburtstagsparty war in den letzten Tagen ein großes Thema in der Schule gewesen und wahrscheinlich würde man sich auch nach der Party noch ein paar Tage lang darüber unterhalten. Sogar Leute, die nicht eingeladen waren oder Rico nur flüchtig kannten, sprachen über das Event. Wie viele wohl kamen? Er hatte vierzig Leute eingeladen. Eigentlich hatten seine Eltern dreißig erlaubt. Aber irgendwie waren es immer mehr geworden. Jemand musste unbedingt seine Freundin mitbringen, eine andere wollte ihre Schwester dabeihaben ... Ohne Philipps Unterstützung wäre er aufgeschmissen gewesen. Es war die erste Party, die Rico organisierte, mal abgesehen von den Kindergeburtstagen, mit denen er schon vor einigen Jahren aufgehört hatte. Im Gegensatz zu Rico hatte Philipp schon mehr Erfahrung mit der Organisation einer Party. Er würde heute Abend zusammen mit seinem Cousin auch für die passende Musik sorgen. Es war zwar nicht das erste Mal, dass jemand aus seiner Klasse hier seinen Geburtstag feierte, aber seine Fete würde die beste werden – nein, sie musste es. Das hatten sich die beiden einfach in den Kopf gesetzt. Philipp hatte sogar eine Discokugel und mehrere Scheinwerfer aufgetrieben. Das würde irre aussehen.

Philipp und dessen Bruder Florian trafen fast gleichzeitig mit Ricos Eltern ein. Philipp trug wieder ein Muscle-Shirt. Seit er regelmäßig ins Fitnessstudio ging, musste er seine Muskeln ständig zur Schau stellen.

Sie einigten sich darauf, zuerst das Auto von Ricos Eltern auszuladen. Der Kofferraum war bis oben gefüllt. Mehrmals liefen Rico, Philipp und die Erwachsenen vom Auto in den Partyraum und wieder zurück. Auch wenn sie zu fünft waren, ging das ganz schön in Arme und Beine.

»Das wird heute sicher ein geniales Event«, rief Philipp, nachdem der Kofferraum endlich geleert war.

Ricos Vater wischte sich den Schweiß von der Stirn. »Das will ich wohl hoffen bei dieser Schinderei.«

»Wenn du noch etwas brauchst, rufst du einfach an«, sagte Ricos Mutter, bevor sie abfuhren.

Der Kofferraum von Philipps Bruder war schneller geleert. Sie luden zunächst Florians Wagen aus, um die Sachen anschließend in den Keller hinunterzutragen. Florian hatte eine Verabredung und war sowieso schon spät dran. Als letztes Stück nahm Rico eine längliche Kartonschachtel aus dem Kofferraum. Sie schien noch originalverpackt zu sein. Es waren chinesische Schriftzeichen aufgedruckt. Rico hatte keinen Plan, was die bedeuteten. Was da wohl drin war?

»Hier hätten sie wirklich einen Lift einbauen können«, schnaufte Philipp, nachdem er die letzte Kiste in den Partyraum geschleppt hatte. Er ließ sich aufs Sofa fallen. Rico kontrollierte, ob sie ja nichts vergessen hatten. Es standen so viele Kisten, Taschen und Tüten auf dem Boden und der Bar herum, da war es schwierig, sich einen Überblick zu verschaffen.

»Keine Sorge«, meinte Philipp, »es ist bestimmt alles da. Und sonst können wir ja noch unsere Eltern anrufen.« Rico half ihm, ein Plakat an der Wand anzubringen. »Happy Birthday, Rico!«, stand in bunten Buchstaben drauf. Wenn sie richtig geplant hatten, würden sie in den nächsten Stunden damit beschäftigt sein, alles einzurichten: Die Musikanlage musste aufgebaut, die Dekoration angebracht und natürlich das Buffet mit den Snacks aufgestellt werden. Langsam spürte Rico die Nervosität ganz deutlich. Wenn bloß alles klappte! Allein die vielen Kabel, die herumlagen, wie sollte man da klarsehen? Auch wenn er sich die letzten Wochen abends beim Einschlafen ganz genau ausgemalt hatte, wie die Sache am Schluss aussehen würde, kam ihm das Ganze jetzt reichlich kompliziert vor.

»Keine Bange«, machte ihm Philipp Mut, »wir haben an alles gedacht. Besser kann man es nicht organisieren. Die Party wird ein voller Erfolg.«

Da war Rico nicht so sicher. Hatten sie wirklich

an alles gedacht? Er wollte, dass sich heute Abend alle amüsierten und die Party in vollen Zügen genossen. Ob die Snacks allen schmeckten? Er hatte sogar ein Angebot für Vegetarier in Auftrag gegeben. Seine Mutter hatte sich ordentlich ins Zeug gelegt und mehrere Platten mit Häppchen hergerichtet.

Er machte sich daran, die Flaschen in den Kühlschrank zu räumen. Philipp kümmerte sich inzwischen um die Stereoanlage.

»Ich würde die Box nicht dort hinstellen.«

Philipp sah auf.

»In diesem Schrank sind die Feuerlöscher«, erklärte Rico.

Philipp verdrehte die Augen. »Wir machen doch keine Schaumparty, oder?«

Rico grinste. Vielleicht war er heute wirklich etwas nervös.

Als endlich Musik zu hören war, fühlte sich Rico ein bisschen besser. Er checkte die Mailbox seines Handys. Keine Neuigkeiten. Also würden alle kommen. Sie waren gut in der Zeit. Philipp schien wirklich den Durchblick zu haben und genau zu wissen, was er tat. Sein Cousin traf ein. Er hatte zwei Koffer mit Schallplatten dabei. Philipp und er hatten schon bei einigen Partys aufgelegt. Die hatten ein Händchen, für gute Stimmung zu sorgen.

Rico nahm inzwischen noch einmal den ganzen Raum unter die Lupe. Es sah nun schon viel besser aus. Sein Blick fiel auf die merkwürdige Schachtel, die ihm vorher schon beim Ausladen ins Auge gestochen war. Philipp hatte sie neben der Tür abgestellt. Als sich Rico danach bücken wollte, schubste ihn Philipp zur Seite: »Finger weg! Das ist eine Überraschung für heute Abend.« Er versteckte die Schachtel hinter der Bar.

»Was ist denn da drin?«

»Keine Ahnung«, tat Philipp geheimnisvoll, »aber du wirst noch Augen machen.« Rico wusste nicht, ob er sich freuen oder Sorgen machen sollte. Für ihn hörte sich das Ganze ein wenig merkwürdig an. Philipp und sein Cousin steckten die Köpfe zusammen. Rico verstand nicht, worüber sie sich unterhielten. Plötzlich lachte Philipps Cousin laut heraus.

»Das ist aber krass! So was habe ich noch nie gehört. Das wird in die Geschichte eingehen.«

Philipp strahlte über das ganze Gesicht. »Ich hab doch gesagt, dass ich der King der genialen Ideen bin.«

Um achtzehn Uhr waren sie startklar. Aus den Boxen erklang ein aktueller Rap-Song. Philipp und Christoph waren mit Colabechern ausgestattet und unterhielten sich über den neuen Video-Clip eines amerikanischen Rappers. Philipp war total begeistert, Christoph hingegen fand, dass die Nobelkarossen etwas zu oft auftauchten. Rico stand oben beim Eingang und wartete ungeduldig auf seine Gäste. Im Gang hatten sie Girlanden aufgehängt, die den Weg nach unten wiesen. Zuerst trafen Isa und Tina ein. Sie hatten sich aufwendig gestylt und rochen nach einem süßen Parfüm. Isa drückte ihm ein Päckchen in die Hand.

»Das ist von uns beiden.« Rico musterte das grün-weiß gemusterte Geschenkpapier. Was hatten sich die beiden wohl für ihn ausgedacht?

»Aber erst aufmachen, wenn alle da sind«, schärfte ihm Tina ein.

Rico erklärte ihnen den Weg nach unten.

»Wir kennen uns aus«, meinte Tina, »wir sind doch auch schon öfter hier gewesen.« Als Nächstes kamen Ricos Cousin und seine Freundin. Rico sah sie zum ersten Mal. Sie war wirklich so hübsch, wie sein Cousin sie beschrieben hatte. Sie trug eine rosa Baseballmütze. Auf ihre Wangen hatte sie Glitter aufgetragen.

»Das kannst du sicher brauchen«, murmelte sein Cousin, als er Rico einen Umschlag zusteckte. Wahrscheinlich ein Gutschein oder Bares. Bevor sie Händchen haltend im Gebäude verschwanden, drehte er sich nochmals um: »Wir können nicht so lange bleiben. Wir müssen noch bei einer Party von Nadines Kollegin vorbeischauen.«

Kurz nach neunzehn Uhr war der Partyraum rappelvoll. Ein paar tanzten, einige standen an der Bar, nippten an ihren Bechern und probierten die verschiedenen Snacks. Alle schienen total locker drauf zu sein.

»Coole Atmosphäre«, lobte Sandra und prostete Rico mit ihrem Becher zu, »das hast du wirklich toll hingekriegt. Die beste Party seit Langem.« Die Farbe der Scheinwerfer wechselte gerade von Grün zu Blau.

»Ich habe auch eine tolle Unterstützung gehabt«, Rico zeigte auf Philipp, der sich an der Bar eine Cola einschenkte, »ohne ihn wäre es nicht so phänomenal geworden.«

Nachdem Sandra sich ins Gewimmel der Tanzenden gestürzt hatte, ging er zu Philipp. Der war ganz aus dem Häuschen.

»Super Stimmung!«, brüllte er und wiegte sich im Takt der Musik.

»Und was hast du nun für eine Überraschung geplant?«

Philipp grinste. »Das wirst du bald erfahren. Nur noch ein kleines bisschen Geduld.«

Rico hasste es ohnehin, wenn er auf die Folter gespannt wurde, aber heute konnte er es definitiv nicht ertragen. »Einen kleinen Hinweis kannst du mir doch geben ...«

Philipp guckte zur Decke. »Sagen wir mal so: Mein Special Effect wird die Bude ordentlich zum

Kochen bringen.« Das konnte alles Mögliche bedeuten. Rico atmete tief durch. Alles lief wie geschmiert. Die Leute amüsierten sich, ihnen schien die Musik gut zu gefallen und die Discokugel sorgte für tolle Stimmung. Es war alles in Butter.

Etwa eine halbe Stunde später ließ Philipps Cousin einen elektronischen Tusch erklingen, die Musik wurde ausgeblendet.

»Hey Leute, wir kommen zur Bescherung«, rief Philipp ins Mikrofon, »nun soll Rico mal herausfinden, was er alles geschenkt bekommen hat. Auf die Geschenke, let's go!« Einige klatschten.

Rico ging zum Tisch mit den Geschenken. Er griff als Erstes nach dem Päckchen von Isa und Tina. Darin waren mehrere Packungen verschiedener Kaugummisorten eingepackt.

»Damit du uns nicht immer anpumpen musst«, kommentierte Tina mit einem breiten Grinsen. Alle lachten. Rico steckte sich sofort einen Kaugummi mit Pfefferminzgeschmack in den Mund. Der Umschlag von seinem Cousin enthielt wie erwartet eine Karte und ein paar Scheine. Er ließ sie gleich in seiner Gesäßtasche verschwinden. In einem anderen Päckchen steckten mehrere Schokoladentafeln. Von Marc bekam er einen Gutschein für einen gemeinsamen Kinobesuch und Sandra hatte ihm ein T-Shirt mit dem Logo seiner Lieblingsband gekauft.

»Willst du noch mehr Überraschungen?«, fragte Philipp.

Rico sah ihn unsicher an. »Kommt drauf an. Was hast du denn vor?«

Philipp lächelte und rief ins Mikrofon: »Macht euch auf etwas gefasst! Gleich erlebt ihr etwas Gigantisches! Den absoluten Höhepunkt des heutigen Abends!« Er legte einen House-Track auf und die Menge begann wieder zu tanzen. Niemand schien über die angekündigte Überraschung weiter nachzudenken, aber Rico war unwohl. Er kannte Philipp. Wenn der so aufgedreht war, musste man mit etwas Verrücktem rechnen.

»Worum geht es denn?«, versuchte er, ihm einen Hinweis zu entlocken.

»Nur nicht so ungeduldig«, blockte Philipp ab, »hol uns lieber was zu trinken. Songs auflegen macht ganz schön durstig.«

Als Rico mit zwei Bechern in der Hand zum DJ-Pult zurückkehrte, war Philipp gerade dabei, etwas auf der Bar aufzustellen. Rico kniff die Augen zusammen. Was tat er da? Philipp wollte doch nicht allen Ernstes ...

»Was hast du mit den Raketen vor?«, fragte er, obwohl die Antwort schon klar war.

»Die Überraschung!«, trompetete Philipp.

92   Bei Rico schrillten sämtliche Alarmglocken. »Die sind doch nur fürs Freie geeignet!«

Philipp winkte ab. »Mach dir nicht ins Hemd. Da passiert nicht so schnell was.« Er zog ein Feuerzeug aus seiner Hosentasche und griff nach dem Mikrofon. Die Musik wurde leiser.

»Seid ihr bereit?«, rief er in die Menge. Niemand reagierte.

»Warte«, versuchte es Rico noch einmal, »wir können sie doch zum Schluss im Freien zünden. Das sieht am dunklen Himmel sicher viel genialer aus.«

Aber Philipp schüttelte den Kopf. »Ist ja langweilig. Und bei dem Regen funktioniert es sowieso nicht.«

In Ricos Kopf überschlugen sich die Gedanken. »Wenn der Hausmeister davon erfährt, reißt er uns den Kopf ab.«

»Woher soll er es erfahren?«

Rico versuchte zu entziffern, was auf den Raketen stand. Wahrscheinlich das, was er Philipp klarzumachen versuchte: Auf keinen Fall in geschlossenen Räumen entzünden. Aber Philipp riss ihm das Feuerwerk aus der Hand. Rico blickte Hilfe suchend zu den anderen. Kapierte niemand, was geschah? Sandra und Tina standen ganz vorne. Zwischen ihnen und den Raketen war nicht einmal ein Abstand von einem Meter.

»Es sind viel zu viele Leute im Raum«, redete Rico auf Philipp ein, »das ist doch lebensgefährlich.«

»Jetzt sei nicht so ein Angsthase«, fuhr Philipp ihn an, »du wirst gleich sehen, wie abgefahren das ist.« Er lachte und startete den Countdown: »Fünf, vier, drei, zwei ...« Rico versuchte, Philipp von den Raketen wegzustoßen. Aber dieser betätigte bereits das Feuerzeug. Rico kam es so vor, als hätte in diesem Moment jemand den Ton ausgeschaltet. Es dauerte ein paar Sekunden, bis der Funke übertragen wurde. Dann wanderte er rasant das Zündkabel entlang und gleich darauf zündete die linke Rakete, kurz danach die andere. Die Funken sprühten in alle Richtungen. Die Gäste, die ganz vorne standen, traten erschrocken ein paar Schritte zurück. Von irgendwoher kam ein Schrei. Wie ein Vulkan ergoss sich die Rakete über die Bar. Es zischte. Rico spürte die Hitze der beiden Fontänen. Sie waren so hoch, dass sie die Decke erreichten. Von dort prallten die Funken zurück und regneten auf die vorderen Party-Gäste nieder. Da wusste Rico, dass ihn sein Gefühl nicht getäuscht hatte. Dies würde kein gutes Ende nehmen. Philipp war zu weit gegangen. Er brachte alle Freunde in Lebensgefahr. Rico suchte seinen Blick. Aber Philipp beobachtete ganz genüsslich seine »Special Effects«. Keiner sagte etwas. Das Zischen war lauter geworden. Der linke Vulkan flimmerte goldenfarbig, der rechte eher weißlich. Es war so hell im Raum geworden, dass einem fast die Augen schmerzten.

»Krass«, entfuhr es Sandra. Aber das hörte sich nicht beeindruckt, sondern verängstigt an. Philipp hingegen schien es noch immer nicht kapiert zu haben. Er grölte vor Begeisterung. In diesem Moment fiel einer der beiden Vulkane um. Er kam auf der Bar zu landen und zerbrach in zwei Stücke, die sofort in Flammen aufgingen. Tina kreischte. Danach folgten mehrere Knallgeräusche. Rico hielt sich die Ohren zu. Gleich darauf ging das Licht aus. Das Letzte, was Rico sah, war, dass Philipp und sein Cousin hinter der Bar in Deckung gingen. In ihren Augen stand Panik geschrieben. Nun schrien alle durcheinander. Es war stockfinster.

»Zum Ausgang«, rief jemand, »ich will hier raus.«

»Ich kann nichts sehen.« Etwas fiel um. Das Geräusch von klirrendem Glas.

Rico richtete sich auf. Es roch nach Verbranntem. Er musste husten. Jemand stieß ihn zu Boden. Er wagte es nicht, nach seinem Handy zu greifen. Wie ging es den anderen? War mit ihnen alles in Ordnung? Rico hatte nur einen Gedanken im Kopf: Sie mussten hier raus. Und zwar so schnell wie möglich.

Die ganze Wahrheit

»Am besten, du meldest dich erst mal nicht!« Die SMS traf Pascal wie der Schnitt eines Skalpells. Was wollte Mareike mit dieser Nachricht sagen? Bis das Handy vibrierte, war es so ein idealer Ferientag gewesen: Zu Hause im Garten in der Sonne liegen, vor sich hin träumen, die Kondensstreifen der Flugzeuge am Himmel beobachten und so tun, als würde es auf dieser Welt kein einziges Problem geben. Deshalb wäre es ihm auch nie im Leben in den Sinn gekommen, dass die SMS etwas Negatives enthalten könnte. Er ahnte schon, worum es ging. Er stand auf, stolperte über die Cola-Flasche und die Sonnenbrille und stellte sich die jetzt wohl wichtigste Frage: Warum? Es war noch nicht einmal Samstag und sie hatten ausgemacht, niemandem etwas zu erzählen ... Solche nebulösen SMS, die unangekündigt und so unerwartet eintrafen wie der Fausthieb eines Boxers, waren einfach bescheuert und unfair. Sie hing da genauso drin wie er. Beide trugen sie die gleiche Verantwortung. Er riss sich zusammen.

Vielleicht hatte er auch nur etwas in den falschen Hals bekommen. Als er es bei Mareike versuchte, läutete es, aber sie nahm nicht ab. Was sollte das? Sein Herz pochte immer schneller. Er brauchte sich nichts vorzumachen: Auch wenn er versucht hatte, es weit von sich zu schieben, hatte er von Anfang an gespürt, dass die Sache kein gutes Ende nehmen würde. Er wurde ungeduldig. Warum ignorierte sie seine Anrufe? Er versuchte es mit einer SMS: »Wo bist du? Ruf mich sofort an!« Doch kaum hatte er die SMS auf die Reise geschickt, wählte er schon wieder ihre Nummer. Er musste es wissen, und zwar jetzt auf der Stelle. Endlich ging sie ran.

»Wo bist du?«, fragte er sofort.

»Zu Hause.«

»Soll ich zu dir kommen?«

»Das wäre jetzt wohl das Dümmste, was du tun könntest.«

Pascal musste schlucken. »Was ist denn passiert?«

Es war ihr anzuhören, dass sie fix und fertig war. Sie versuchte, ihm die Sache haargenau zu schildern, aber ihre Stimme überschlug sich immer wieder.

»Langsam, langsam«, fuhr ihr Pascal ins Wort, »alles schön der Reihe nach.« Er bat sie, tief durchzuatmen.

»Lennard weiß alles.«

Pascal hielt den Atem an.»Alles?«

»Es tut mir leid …«

Pascal ließ sie nicht ausreden:»Aber wir hatten doch ausgemacht, kein Wort zu irgendwem. Unter keinen Umständen.«

Mareike lachte bitter.»Meinst du, ich hätte es freiwillig ausgeplappert?«

Pascal wollte alle Details.»Warum hat er denn angerufen?«

»Er hat nicht angerufen«, erklärte Mareike,»er war hier.«

»Was?«, entfuhr es Pascal.»Aber ich dachte, er kommt erst morgen zurück.«

»Keine Ahnung, die haben ihre Pläne über den Haufen geworfen und ein früheres Flugzeug genommen. Lennards Dad musste dringend in die Firma zurück …«

Mist, dachte Pascal, dass es gleich so krass kommen musste. Er hatte noch einen Funken Hoffnung gehabt, dass sie wenigstens bis morgen Abend Ruhe hatten. Bis dahin hätten sie sich noch etwas ausdenken können.

»Ich war gerade im Bad und hab mich zurechtgemacht …«, begann Mareike,»es hat an der Tür geläutet. Ich hätte nicht aufgemacht, aber meine Mutter ist immer so neugierig. Die öffnet sogar, wenn irgendwelche Vertreter draußen stehen …«

Pascal wurde ungeduldig.»Und dann?«

»Plötzlich stand er in der Badezimmertür und

umarmte mich. Ich war so überrumpelt, dass ich zunächst einen Schritt zurück machte. Das hat ihn ziemlich überrascht und ich glaube, da hat er schon was geahnt. Dabei hatte es gar nichts zu bedeuten. Ich bin einfach nur erschrocken. Ich meine, ich hatte ja gedacht, dass er erst morgen ... Er hat mir ein Geschenk mitgebracht. Eine CD mit spanischer Pop-Musik. Wir sind dann in mein Zimmer und ich habe die CD reingeschoben. Er hat sich auf mein Bett gesetzt und von Spanien erzählt. Ich konnte mich nicht darauf konzentrieren. Die ganze Zeit hat er mich so komisch angesehen. Das hat mich echt nervös gemacht. Und dann hat er mich einfach ganz direkt gefragt.«

»Was?« Pascal war sich sicher, dass Mareike ihm etwas vormachte. Es wäre nicht das erste Mal, dass sie aus Versehen etwas erzählte, das sie eigentlich für sich behalten sollte. »Das kann doch nicht sein. Man kommt doch nicht einfach so auf eine solche Frage. Du hast dich wahrscheinlich verplappert ...« Warum sollte Lennard ohne Grund so ein absurder Gedanke einfallen?

Mareike wurde sauer. »Wenn du eh alles besser weißt, brauche ich ja nichts mehr zu erzählen.«

»Es tut mir leid.«

»Die Frage hat mich so überrumpelt, dass ich alles zugegeben habe«, fügte Mareike hinzu.

Pascal atmete tief durch. War sie von allen guten Geistern verlassen?

»Alles?«

»Ja«, sagte Mareike.

Pascal ermahnte sich, einen kühlen Kopf zu bewahren. Nüchtern betrachtet, konnte Mareikes »Alles« vieles bedeuten. Vielleicht war es nur halb so wild und sie übertrieb. Wahrscheinlich hatte sie Lennard nur ein paar harmlose Dinge erzählt und er hatte sich den Rest zusammenfantasiert.

»Denk noch einmal nach, was hast du gesagt?«, bohrte Pascal nach. Irgendwie war es ihm wichtig, dass er auf dem gleichen Stand war wie Mareike. Er schloss die Augen, um sich die Szene in Mareikes Zimmer möglichst gut vorstellen zu können.

»Mann!« Mareike klang genervt. »Ist das ein Verhör? Das nächste Mal nehme ich es für dich auf oder noch besser – ich lasse dich am Telefon mithören.« Er bemerkte, dass Mareike die Hand aufs Mikrofon legte und etwas zu jemand anderem sagte. Wer war bei ihr? Worüber sie sprachen, war nicht zu verstehen.

»Meine Mutter«, meldete sich Mareike nach einer Weile zurück, »sie hat sich erkundigt, ob alles okay ist.«

»Und?«, drängte Pascal. »Wie hat er reagiert?«

»Er hat riesige Augen gemacht und vor sich hin geschwiegen. Das war vielleicht unheimlich. Er wollte wissen, weshalb ich die ganze Zeit gelogen hatte. Aber das habe ich ja nicht! Ich habe ihm erzählt, dass wir in den letzten Wochen immer mehr Zeit miteinander verbracht haben, und dann ...«

»Du hast ihm gesagt, dass *ich* es war?« Pascal fuchtelte in der Luft herum. Das konnte doch nicht wahr sein! Warum hatte sie nicht einfach behauptet, dass es ein Typ war, den Lennard nicht kannte – irgendjemanden, den Mareike per Zufall irgendwo kennengelernt hatte? Hatte sie das etwa absichtlich getan?

»Machen wir uns nichts vor. Er hätte es sowieso früher oder später rausgefunden.«

Pascals Mund war wie ausgetrocknet. Er bückte sich und griff nach der Flasche. Die Cola war eklig warm. Er spuckte sie auf den Boden. Wie konnte Mareike so blöd sein und gleich noch seinen Namen ins Spiel bringen?

Mareike fuhr fort: »Er ist ziemlich sauer geworden. Aber das war ja logisch. Ich an seiner Stelle würde auch durchdrehen. Da fliegst du ein paar Tage in die Ferien, kommst zurück und musst erfahren ... Er hat mir ein paar gemeine Dinge an den Kopf geworfen, die Tür zugeknallt und das Weite gesucht. Beinahe hätte er im Flur meine Mutter über den Haufen gerannt.«

»Aber er hat dir nichts angetan?«

Mareike verneinte. »Aber so wütend habe ich ihn noch nie erlebt.«

Pascal sagte nichts mehr. Er versuchte, Ordnung in seinen Kopf zu bringen. Was er jetzt dringend brauchte, war ein Plan, eine Strategie. Er nahm Mareike die Story nicht ganz ab. Ob sich die Szene wirklich so abgespielt hatte? Vielleicht hatte Lennard die Frage einfach so gestellt, um sie zu testen. Und natürlich war sie prompt darauf reingefallen. Aber eigentlich spielte das jetzt auch keine Rolle. Lennard wusste, was zwischen Mareike und Pascal gewesen war. Darum ging es. Pascal sollte sich jetzt besser überlegen, wie er aus dem Schlamassel wieder rauskam.

»Bist du noch dran?«, riss ihn Mareike aus den Gedanken.

»Was sollen wir jetzt machen?«

»Wenn ich das wüsste«, seufzte Mareike, »ich denke mal nach. Aber jetzt muss ich aufhören. Sanne kommt vorbei.«

»Sanne? Sie weiß auch alles?«

»Ich muss jetzt einfach mit jemandem darüber reden. Vielleicht hat sie eine Idee.« Bevor Pascal widersprechen konnte, war die Verbindung unterbrochen.

Das war eine absolute Katastrophe. Pascal ließ das Handy von der einen Hand in die andere gleiten und wieder zurück. Er ging in die Küche. In der Schublade fand er eine Packung Gummibärchen. Er stopfte sich gleich eine Handvoll in den Mund. Wenn er nur gewusst hätte, wie er Lennard einschätzen sollte. Er kannte ihn nur flüchtig. Sie gingen zwar in eine Klasse, aber bis jetzt hatten sie nur einige wenige Male miteinander zu tun gehabt. Schwer auszumalen, zu was der fähig war. Lennard ging seit zwei Jahren ins Thaiboxen. Der hatte bestimmt ein paar krasse Schläge drauf. Pascal schätzte ihn eher als zurückhaltenden Typ ein. Andererseits hatte er ihn noch nie erlebt, wenn er total sauer gewesen war. Eines war sicher: Es war das Klügste, wenn er ihm in nächster Zeit nicht unter die Augen trat. Allerdings waren die Ferien in drei Tagen vorbei, wie sollte er da eine Begegnung vermeiden? Wenn er einen auf krank machte, konnte er noch ein paar weitere Tage herausschlagen, aber viel länger würde er Lennard nicht aus dem Weg gehen können ...

Es läutete an der Tür. Pascal verschluckte sich beinahe an einem Gummibärchen. Wer kam jetzt? Seine Eltern und sein Bruder waren bei der Arbeit. Vor halb sechs würde niemand von ihnen hier aufkreuzen. Und sowieso hatten alle einen Schlüssel. Ein Auto hatte er nicht gehört. Er kontrollierte sein Handy. Kein Anruf, keine SMS. Es läutete noch einmal. Pascal rührte sich nicht vom Fleck. Das war jetzt doch wohl nicht ... Besser er dachte den Satz nicht weiter. Es war ein dummer Gedanke und irgendwie total absurd. Aber vor ein paar Stunden hätte er es auch für völlig absurd gehalten, dass Lennard von der Sache Wind bekam. Zum Glück lief gerade keine Musik und es brannte auch kein Licht, die Tür war abgeschlossen. Es musste also ganz danach aussehen, dass keiner zu Hause war. Pascal wollte gerade nach oben schleichen, als es hinter ihm klopfte. Er fuhr herum. Jemand stand draußen auf der Terrasse und winkte. Pascal brauchte keine Sekunde. Mit einem Hechtsprung verschwand er hinter dem Sofa. Dort verharrte er, bis er die Rap-Beats hörte. Diese konnten nur zu Yan gehören. Yan und sein Gettoblaster – ein unzertrennliches Duo. Er hätte ihn manchmal schon fast mit in die Dusche genommen.

»Hab ich dich erschreckt?«, fragte Yan mit einem breiten Grinsen, nachdem Pascal die Terrassentür geöffnet hatte.

Pascal versuchte, seine Nervosität zu überspielen, aber seine Stimme klang total zittrig: »Was machst du denn hier?«

Yan zuckte mit den Schultern und stellte den Gettoblaster auf den Terrassentisch. Pascal machte die Musik aus. Das konnte er jetzt nicht haben.

»War gerade in der Gegend und hab mich gelangweilt. Lust, eine Runde zu gamen?«

Pascal schielte über Yans Schultern. Da war nichts. Vielleicht hatte er jetzt doch etwas überreagiert. Wahrscheinlich hing Lennard bei sich zu Hause rum. Solche Racheszenen gab es doch nur im Fernsehen. Aber wohl fühlte sich Pascal trotzdem nicht. Wenn so eine Idee erst einmal von einem Besitz ergriffen hatte, dann wurde man sie nicht mehr so schnell los. Lennard war noch nie hier gewesen, aber er hatte eine Klassenliste, auf der alle Adressen standen. Er würde ohne Probleme hierherfinden.

»Warum hast du nicht vorher angerufen?« Yan schnitt eine Grimasse. »Bin halt spontan, weißt du doch.« Er setzte sich auf einen der metallfarbenen Terrassenstühle. Pascal zögerte eine Weile, dann nahm er ihm gegenüber Platz.

»Meine Schwester hat heute Nachmittag ihre Führerscheinprüfung. Wäre echt cool, wenn sie es schafft, dann muss ich abends nicht mehr ewig auf den Bus warten.« Pascal reagierte nicht. Yan starrte ihn an.

»Alles in Ordnung? Du siehst aus, als ob du gerade ein Gespenst gesehen hättest. Nachdem niemand aufgemacht hat, hab ich gedacht, dass ich dich vielleicht im Garten finde.«

»Schon okay«, winkte Pascal ab und widmete sich den restlichen Gummibärchen. Das Kauen beruhigte. Die beiden schwiegen sich an. Pascal rutschte nervös auf dem Stuhl herum.

»Und?«, unternahm Yan einen weiteren Versuch. »Was hast du gerade so gemacht?«

»Nicht viel.«

»Hast du jemand anderen erwartet?« Konnte Yan nicht einfach mal die Klappe halten? »Dein Sprung hinter das Sofa sah echt filmreif aus.« Pascals Gedanken waren bei Lennard und Mareike. Sollte er sie nochmals anrufen? Vielleicht hatte sich inzwischen etwas Neues ergeben? Immer wieder checkte er die Hecke, die den Garten vom Nachbargrundstück trennte. Bis jetzt war dort alles ruhig, aber Lennard konnte jederzeit hier auftauchen. Und dann?

»Verziehen wir uns auf mein Zimmer?«

Yan zuckte mit den Schultern. »Hier draußen ist es doch ziemlich gemütlich.«

Pascal druckste herum. »Mir ist es zu heiß.«

Yan beugte sich nach vorne: »Jetzt mal Klartext: Was ist los? Du bist heute ja echt schräg drauf.«

»Nichts.«

»Das nehme ich dir nicht ab. Was hast du angestellt?«

»Nichts Besonderes. Ein bisschen in der Sonne herumgelegen ...« Sein Handy klingelte. MAREIKE stand auf dem Display.

»Ja?«

»Hat Lennard dich angerufen?«

Pascal runzelte die Stirn. »Nein, warum?« Er spürte, dass Yan ihn nicht aus den Augen ließ und die Ohren spitzte.

»Er hat mir eine merkwürdige SMS geschrieben«, erzählte Mareike, »Sanne und ich konnten uns das nur so erklären, dass Lennard mit dir gesprochen hat.« Er hörte Sanne im Hintergrund.

»Bin gleich wieder da«, raunte er Yan zu und ging ins Haus, um ungestört zu sein. Würde Lennard in der nächsten Sekunde seinen Fuß auf ihr Grundstück setzen? Er schielte durch das Küchenfenster auf den Vorplatz. Niemand zu sehen.

»Okay, dann war das wohl ein Fehlalarm«, meinte Mareike, »sorry für die Störung.«

»Können wir uns wirklich nicht sehen? Komm doch kurz online, dann können wir uns per Webcam unterhalten.«

»Sanne ist doch gerade hier. Ich melde mich!«

Sie unterbrach die Verbindung. Pascal warf das Handy auf den Tisch. Wie war die denn drauf? Wie sie auf einmal mit ihm umging! Als ob er ihr total egal war. Schimpfend wählte er ihre Nummer.

»Ich will jetzt wissen, was hier läuft.« Pascal fuhr herum. Yan stand in der Tür.

»Das war Mareike, oder?«

Pascal nickte.

»Ich hab ihre Stimme gleich erkannt.«

Es wäre nun wohl wirklich besser, wenn Yan Leine zog. Er musste alleine sein und in Ruhe über alles nachdenken. Oder noch besser, er ging direkt zu Mareike. Vielleicht brachte er vor Ort mehr aus ihr heraus und sie konnten sich gemeinsam eine Strategie überlegen. Aber ob es dafür überhaupt noch eine gab?

Yan musterte Pascal. »Also, es hat mit Mareike zu tun?«

Pascal verdrehte die Augen. »Zwischen mir und Mareike läuft was. Okay? Ist jetzt alles klar? Oder noch irgendwelche weiteren Fragen?«

Yan war beeindruckt. »Du und Mareike? Wie hast du denn das geschafft? Sie ist echt eine Klassefrau!« Verträumt blickte er in die Ferne. Dann wurde er augenblicklich ernst. »Aber sie ist doch mit Lennard zusammen!«

Pascal versah ihn mit einem Blick, der alles sagte.

»Okay, ich verstehe«, murmelte Yan. »Und er hat den Braten gerochen?«

»Mareike hat es ihm erzählt.«

»Oops.« Es schien in ihm zu arbeiten. »Deshalb wolltest du vorher nicht aufmachen, weil du gedacht hast, Lennard würde vor der Tür stehen. Da hätte ich mich auch verkrümelt.«

Yan gestand, dass er sich wunderte. »Ich meine, sie ist die Freundin von einem Mitschüler. Nicht gerade die feine Art.«

Pascal berichtete, wie sich das mit Mareike in den letzten vierzehn Tagen entwickelt hatte: »Ich habe mich mit meinem Bruder fürs Kino verabredet und war etwas früh dran. Ich hab vor dem Kino gewartet und die Plakate studiert. Plötzlich stand Mareike da und hat mir eine Komödie empfohlen.« Dieser Nachmittag war noch gar nicht so lange her und doch schien er so unheimlich weit weg. Hätte er doch damals schon gewusst, wohin das alles führte. Mareike beklagte sich, dass sie sich gerade extrem langweilte, weil Lennard für zwei Wochen mit seiner Familie nach Spanien geflogen war. Pascal hatte vorgeschlagen, am nächsten Tag etwas miteinander zu unternehmen. Ins Schwimmbad, ins Kino oder Eis essen. Und aus dem ersten Treffen war ein zweites Treffen geworden und irgendwann war es halt passiert. Sie hatten sich geküsst, zuerst nur kurz, und dann konnten sie nicht mehr aufhören ... Es war so langsam geschehen, dass man hinterher gar nicht mehr sagen konnte, wann sie die Notbremse hätten ziehen müssen.

Yan schüttelte den Kopf. »Und Lennard? An den habt ihr keinen Gedanken verschwendet?«

»Lennard war nicht da.« Pascal merkte selber, wie plump der Satz klang. Wäre Lennard da gewesen, wäre es doch gar nicht so weit gekommen.

»Ich meine, wie würde es dir gehen, wenn man das mit *dir* gemacht hätte?«, versuchte es Yan auf einem anderen Weg.

»Ich hab Mareike schon immer toll gefunden«, verteidigte er sich, »und es hat sich einfach so ergeben. Wir haben uns immer besser verstanden. Und Mareike hätte ja Nein sagen können. Zu so was gehören immer zwei.«

»Das zählt nicht«, erwiderte Yan, »du hast gewusst, dass sie vergeben ist.«

Das konnte Pascal nicht abstreiten. Dass es keine Heldentat war, war ihm von Anfang an klar gewesen. Wenn bisher in Filmen oder Daily Soaps von solchen Beziehungsgeschichten die Rede gewesen war, hatte er ein solches Verhalten immer total daneben gefunden. Und erst wenn es einen selber betraf, merkte man, wie schnell man in solche Dinge reinschlittern konnte.

»Wenn ich Lennard wäre, dürftest du mir nicht mehr unter die Augen treten. Pass auf, dass du ihm die nächsten Tage nicht über den Weg läufst.« Das hatte Pascal auch ohne Yan verstanden.

»Liebst du sie?«

Pascal druckste herum. Er hatte keinen Bock, mit Yan über seine Gefühle zu reden.

»Wie schon gesagt, finde ich sie toll. Mehr weiß ich noch nicht.«

»Und Mareike?«

»Ist das hier ein Verhör?«

»Sorry, es interessiert mich einfach.«

Was Mareike für ihn empfand, wusste er selber nicht so genau. Die letzten beiden Wochen waren einfach unheimlich schön gewesen. Okay, mit jedem Tag, der vergangen war, war der Gedanke gewachsen, dass etwas nicht stimmte und es nicht immer so weitergehen würde.

»Was macht ihr jetzt? Seid Mareike und du zusammen? Oder Mareike mit Lennard? Oder Mareike mit niemandem?«

Darüber hatte Pascal noch gar nicht nachgedacht. Mareike hatte kein Wort darüber verloren. Er musste mit ihr reden. Er wählte ihre Nummer. Aber sie hatte das Handy ausgemacht. Er starrte gedankenverloren zur Hecke. Da waren einige Fragen, die es zu klären gab.

»Ich gehe zu ihr«, entschied er und schon sprang er auf. »Sorry, wenn ich dich jetzt rauswerfe, aber das hat Vorrang.«

»Kann ich verstehen«, meinte Yan und erhob sich ebenfalls. »Willst du nichts anziehen?«

Pascal blickte an sich hinunter. Sein Oberkörper war ja noch immer nackt. Er holte im Haus T-Shirt und Turnschuhe. Yan schnappte sich den Gettoblaster und schaltete ihn wieder ein. »Sorry, ohne geht einfach nicht«, sagte er, bevor Pascal einen Protest auch nur in Erwägung gezogen hatte.

Sie gingen miteinander die Straße hinunter. Bei der Brücke trennten sich ihre Wege. »Viel Glück«, wünschte Yan, »ich hoffe, dass es gut ausgeht.« Pascal schnitt eine Grimasse und wartete, bis Yans Gettoblaster nicht mehr zu hören war. Was ihn wohl bei Mareike erwartete? Es war nicht ausgeschlossen, dass Lennard dort war.

112   Die Türglocke läutete, aber niemand machte auf. Pascal konnte sich nicht vorstellen, dass keiner zu

Hause war. Er hob ein paar kleine Kieselsteine auf und begann, sie gegen Mareikes Fenster zu werfen. Damit hatte er mehr Erfolg. Das Fenster wurde aufgerissen.

»Hör auf, ich lass dich gleich rein«, zischte Mareike von oben.

Mareike führte ihn direkt in ihr Zimmer. Es sah ziemlich chaotisch aus. Das Kissen war zerknautscht. Auf dem Boden standen zwei leere Gläser und ein Teller mit einigen Kekskrümeln. Er setzte sich aufs Bett, sie lehnte sich gegen das Fensterbrett und sah ihn auffordernd an.

»Ich habe es zu Hause nicht mehr ausgehalten«, gestand Pascal, »du hast einfach das Handy ausgemacht.«

Mareike schlug sich auf die Stirn. »Das habe ich total vergessen.« Sie nahm das Handy von ihrem Nachttisch und gab den Pin-Code ein.

»Was machen wir jetzt?« Er spielte mit dem roten Plüschhasen. Mareike riss ihn ihm aus den Händen. »Lass das«, fuhr sie ihn an. Er entdeckte auf dem Schreibtisch die CD, die Mareike von Lennard bekommen hatte.

»Sanne war entsetzt, als sie alles erfahren hat. Und sie hat mich gefragt, ob ich mir das wirklich gut überlegt hätte. Lennard und ich, wir sind jetzt seit fast sieben Monaten zusammen ...« Ihr Handy piepte und blinkte auf. »5 Anrufe in Abwesenheit«, las sie vor.

»Das war wahrscheinlich ich«, meinte Pascal. Sie klickte auf dem Handy herum, dann legte sie es aufs Fenstersims.

»Sanne hat gemeint, dass ich Lennard um Verzeihung bitten soll und um eine zweite Chance.« Pascal sah sie überrascht an. »Du willst …?«

Mareike fuhr fort, als hätte sie die Frage nicht gehört: »Aber würdest du jemandem so schnell wieder vertrauen? Wer garantiert einem, dass so etwas nicht noch einmal passiert? Da fängt man doch immer wieder an zu zweifeln. Jede kleinste Auffälligkeit wird gleich aufgebauscht.«

»Dann würdest du gerne alles rückgängig machen?«

»Wir hätten es beenden sollen, als wir gemerkt haben, was passiert«, meinte Mareike.

»Aber es war doch so schön«, beharrte Pascal.

»Darum geht es nicht. Es war schön. Aber wir hätten es auch einfach als Freunde schön haben können. Wir hätten einfach wissen müssen, dass es eine Grenze gibt.«

Pascal wäre am liebsten gegangen. Er hatte langsam genug von diesem Gequatsche. Es war vielleicht nicht okay gewesen, was sie gemacht hatten. Aber deshalb musste man jetzt doch nicht alles infrage stellen.

»Deine Kumpel finden es sicher nicht so schlimm«, sagte Mareike.

114

»Warum meinst du?«

Er erzählte, wie Yan reagiert hatte. »Am meisten Sorgen macht mir Lennard«, gestand er, »der würde am liebsten Kleinholz aus mir machen.« »Man muss sich jetzt nicht das Schlimmste ausmalen. Eigentlich ist Lennard ein friedlicher Typ. Obwohl: Er ist sauer und sagt dir die Meinung, aber rumschlägern ist nicht sein Ding.« Viel besser fühlte sich Pascal trotzdem nicht. Wie brachten sie das jetzt wieder ins Reine?

DIE BESTE IDEE

»Ich hab nicht behauptet, dass es doof ist«, verteidigte sich Julia. »Ich habe bloß gemeint, dass es das schon öfter gegeben hat.«

»Du hast gesagt, es sei doof!«, beharrte Lukas. Er schaukelte mit dem Stuhl und hätte einen Tag lang freiwillig auf sein Handy verzichtet, um jetzt an einem anderen Ort zu sein. Ihr Klassenlehrer hatte wieder mal eine bescheuerte Idee gehabt: Sie sollten in Kleingruppen ein Brainstorming machen. Und dazu musste er in einer Gruppe sein, in der nur Mädchen waren. Wenn sie wenigstens die Übung ins Freie hätten verlegen können, aber Herr Wolf hatte es nicht erlaubt.

Julia verschränkte die Arme vor der Brust und versah Lukas mit einem empörten Blick.

»Jetzt hört schon auf«, ging Jennifer dazwischen, »so finden wir keine Lösung.«

»Wie lange geht es noch?«, fragte Amanda. Sie hatte angefangen, mit ihrem Kugelschreiber Kringel auf den Tisch zu malen. Zum Glück hatte der Lehrer noch nichts davon mitbekommen.

Jennifer sah auf die Uhr. »Noch zehn Minuten.«
Sie klopfte mit dem Filzstift auf den Tisch. »Also,
geben wir Gas! Ich hab keine Lust, meine Freizeit
für das hier zu opfern.«

Es wurde eine tolle Idee für die Projektwoche
gesucht, welche die Schule bald durchführen
wollte. Da diese speziellen Wochen in den letzten
Jahren weder bei den Schülern noch bei den Leh-
rern Begeisterungsstürme ausgelöst hatten, über-
ließ die Schulleitung dieses Mal den Jugendlichen
das Zepter. Sie durften selbst ein Wochenthema
entwickeln. Ihr Klassenlehrer hatte die Klasse in
fünf Gruppen aufgeteilt. In der Gruppe von Lukas
waren Jenni, Amanda und Julia. Bis jetzt war
ihre Gruppe nicht besonders kreativ gewesen. Auf
dem weißen DIN-A3-Plakat stand: »Umwelt-
schutz-Woche«, »Altersheim« und »Schul-Thea-
ter«. Das hatte es alles schon einmal gegeben. Erst
im letzten Jahr hatten sie einige Tage lang die Bä-
che und Flüsse in der Gegend von Abfall und Un-
rat befreit. Lukas erinnerte sich, dass sich Julia
schon am zweiten Tag krankgemeldet hatte.

»Uns fällt sicher noch was viel Besseres ein!«,
spornte Jenni ihre Teammitglieder an. »Denkt an
die Noten.« Die ausgearbeiteten Projektideen
wurden bewertet und hatten Einfluss auf die
Zeugnisnoten. »Eine einfache Möglichkeit, einen
schlechten Durchschnitt aufzupolieren«, hatte ihr
Klassenlehrer hinzugefügt. Der hatte leicht re-

118

den! Er hatte ihnen so viele Regeln mitgegeben, dass praktisch null kreativer Freiraum blieb: Die Idee sollte realistisch sein, möglichst alle Klassen ansprechen, sinnvoll sein, einen sozialen oder ökologischen Aspekt beinhalten und am besten wenig bis gar keine Kosten verursachen.

»Was guckt ihr mich so an?«, schimpfte Lukas. »*Ich* liefere keine Ideen mehr. Ihr zerreißt sie ja sowieso, bevor ich sie genau erklärt habe.«

»Wir schreiben alles auf«, widersprach Jenni. »Erst danach überlegen wir, was gut und was weniger gut ist.«

»Das scheint Julia noch nicht kapiert zu haben«, entgegnete Lukas. Jenni musterte die anderen Gruppen. Sie hatten sich an den anderen Tischen im Schulzimmer verteilt und schienen alle intensiv bei der Arbeit und, was noch viel schlimmer war, voller Ideen zu sein. Im Vergleich zu denen war ihr Plakat noch total leer. Lukas machte ein Fenster auf und atmete tief die frische Luft ein.

»Gibt es am Gymnasium deiner Schwester auch solche Projekttage?«, fragte Jenni Amanda, die bis jetzt die Stumme gespielt hatte.

»Soviel ich weiß, machen die meistens etwas Sportliches. In diesem Jahr haben sie eine Bike-Tour gemacht.«

Julia verdrehte die Augen. »Ohne mich! Fünf Tage mit dem Bike durch die Gegend strampeln, da geht man doch drauf.« Jenni schrieb die Idee trotzdem auf.

»Die Stunde ist gleich um«, kündigte ihr Klassenlehrer an. »Notiert die letzten Ideen. Wenn ihr noch nicht fertig seid, kein Problem. Ich gehe davon aus, dass ihr euch auch außerhalb der Schule trefft und das Projekt gemeinsam weiterentwickelt. Ich sollte eure Konzepte bis spätestens übermorgen haben. Je früher ihr etwas einreicht, umso mehr Punkte gibt es. Also trödelt nicht herum.«

»Was?«, entfuhr es Julia. »Das ist viel zu wenig Zeit.«

Herr Wolf machte eine wegwerfende Bewegung. »Es geht ja nicht darum, die Formel für den Weltfrieden zu entwickeln.« Er verteilte ein Infoblatt, auf dem genau beschrieben war, in welcher Form das Konzept eingereicht werden sollte.

Jenni faltete das Plakat zusammen. »Wie sollen wir vorgehen?«

Niemand machte einen Vorschlag. Jenni wurde langsam sauer. »Ihr könntet ruhig ein bisschen mitdenken, wir haben nicht mehr viel Zeit.«

Julia und Amanda taten so, als wären sie unsichtbar.

»Jeder macht sich Gedanken«, schlug Lukas vor, »und dann treffen wir uns heute Abend.«

»Ohne mich«, protestierte Julia, »ihr wisst, wie abgelegen ich wohne, da komme ich nicht extra nochmals in die Stadt.«

»Wenn dir die Note egal ist ...«, setzte Lukas an. Aber Jenni ließ ihn nicht ausreden:»Wir können uns heute Abend ja im Chat austauschen. Bis dann hat sicher jemand eine coole Idee.« Damit waren alle einverstanden.

»Dann schaffen wir es ja doch noch bis morgen«, sagte Jenni, die bereits begonnen hatte, ihre Sachen zusammenzupacken.»Ich muss jetzt ganz dringend zum Klavierunterricht.« Sie hielt das zusammengefaltete Plakat in die Höhe.»Soll ich es mitnehmen?« Niemand widersprach.»Dann sehen wir uns um sechs online. Wer es vergisst, lädt alle zum Eis ein.« Und weg war sie.

Auch Julia machte sich aus dem Staub.»Ich muss dringend meine Prepaid-Karte aufladen, sonst kann ich keine SMS mehr schicken.«

Lukas trödelte noch ein bisschen herum. Sein Bus fuhr erst in einer Viertelstunde.

»Ich finde diese Aufgabe dämlich«, beklagte sich Amanda, als sie das Klassenzimmer verließen.»Wie wollen die denn das bewerten? Ist doch alles total Geschmacksache. Und wenn du Pech hast, bist du in einer langweiligen Gruppe und es fällt dir nur Schwachsinn ein.«

»Du kannst froh sein, dass es dich zu uns verschlagen hat«, zog Lukas sie auf. Amanda konnte man echt gut necken. Schon bei der kleinsten Kritik war sie auf hundertachtzig.

»Wenn du das denkst«, schoss sie zurück, »dann kannst du mir ja heute Abend beweisen, dass du recht hast.« Am Ende des Flurs trennten sich ihre Wege. Amanda wollte noch schnell in die Schulbibliothek. »Bis heute Abend.«

Kaum hatte Lukas das Schulhaus hinter sich gelassen, kramte er den MP3-Player aus seinem Rucksack und stopfte die Kopfhörer in die Ohren. Er scrollte durch die Interpretenliste, bis seine Lieblingsband *OneRepublic* auf dem Display erschien. Doch schon nach einer halben Minute, pfiff es. Das Warnsignal, dass der Akku bald leer war. Hoffentlich reichte er wenigstens, bis er zu Hause war. Ohne Musik dauerte die Busfahrt immer eine Ewigkeit.

Im Bus setzte er sich direkt hinter Mara und Fabian, die auch in seine Klasse gingen. Die beiden schienen intensiv miteinander zu diskutieren. Lukas lehnte sich zurück und ließ die Häuser an sich vorüberziehen. Es vergingen keine fünf Minuten und schon wieder erklang die Akku-Warnung, dieses Mal lauter. Das verhieß nichts Gutes. Wenn er Glück hatte und darauf verzichtete, im Menü zu scrollen, hielt der Akku noch bis zu seiner Haltestelle. Er hasste das. So machte die Musik nur noch halb so viel Spaß. Man musste jederzeit damit rechnen, dass Schluss war. Und ein paar Takte später verstummte der Sänger mitten im Satz. Lukas versuchte, den Player nochmals einzuschalten. Manchmal konnte man ihm so ein paar zusätzliche Minuten Musik entlocken. Aber heute funktionierte der Trick nicht. Er ließ die Kopfhörer in den Ohren und starrte weiterhin aus dem Fenster. Er würde von nun an jeden Abend den Akku aufladen! Das war einfach nervig.

»Und wie soll das funktionieren?«, fragte Mara. Es war ihr anzuhören, dass sie keinen Plan hatte, was Fabian ihr da erzählte. Lukas seufzte. Das mit der Entspannung und dem Träumen konnte er vergessen. So laut wie Mara quatschte, würde er bis zum Ziel keine Ruhe haben.

»Es hört sich total verrückt an, ich weiß«, sagte Fabian, »aber sie haben gesagt, die Leute würden sich drum reißen.«

Mara lachte. »Ich kann mir das überhaupt nicht vorstellen. Interessieren die sich wirklich dafür?«

»Du hättest die Leute sehen sollen in diesem TV-Beitrag. Die waren total aufgedreht. Das sah echt süß aus. Sogar eine 90-Jährige hat mitgemacht.«

»Oh Gott«, prustete Mara los, »ich kann mir echt nicht vorstellen, dass meine Uroma ...«

»Oft haben ja auch schon Sechzigjährige Schwierigkeiten damit.«

Lukas spitzte die Ohren. Worüber unterhielten sich die beiden? Er setzte sich aufrecht hin, starrte aber weiterhin zum Fenster hinaus, damit die beiden nicht merkten, dass sie belauscht wurden. Mara wollte wissen, auf welchem Sender der Beitrag gekommen war.

»Man kann ihn auch im Internet anschauen«, sagte Fabian und nannte eine Adresse. Lukas prägte sie sich sofort ein. Fabian drückte an seinem Handy herum. »Einen Augenblick, ich habe ihn gestern noch runtergeladen, weil ich ihn so witzig fand.« Er reichte Mara die Kopfhörer. »Ist es laut genug?«

Sie nickte und starrte fasziniert auf das Display. Alle paar Sekunden kicherte sie. Lukas hätte sich am liebsten über den Sitz gebeugt, um auch etwas von dem Beitrag mitzubekommen.

»Das ist echt ein cooler Bericht«, meinte Mara und gab Fabian die Kopfhörer zurück. »Und noch viel cooler ist die *Idee*«, erwiderte Fabian. »Dagegen ist Angies Wasserwoche echt eine Schlaftablette.« Die beiden lachten laut.

»Eine Ausstellung zum Thema Wasser«, machte Fabian Angie nach und zog dabei genauso die Worte in die Länge, wie sie es immer tat.

»Unterschätz das nicht«, warnte Mara, »der Typ fährt doch total auf solche Öko-Themen ab.«

»Aber wenn wir unsere Idee präsentieren ...«

» ... ist er sicher total baff«, fiel ihm Mara ins Wort. »Darauf muss man erst mal kommen. Ich bin gespannt, ob meine Oma auch dabei ist.«

Lukas wiederholte im Kopf immer wieder die

Internetadresse, damit sie ihm ja nicht entwischte. Diesen Beitrag musste er zu Hause sofort ansehen.

Endlich war seine Haltestelle an der Reihe. Mara und Fabian blieben sitzen, sie mussten noch weiter. Lukas sprang aus dem Bus, ohne sich von ihnen zu verabschieden. Sie schienen seine Anwesenheit sowieso vor lauter Gequatsche vergessen zu haben. Er rannte nach Hause. Er musste so schnell wie möglich ins Internet.

Als er die Tür aufsperrte, wurde er von Clark schwanzwedelnd begrüßt. Lukas bückte sich und streichelte den Scotchterrier ausgiebig. Sonst war niemand zu Hause. Er schaltete den Computer an und wartete, bis der Internet-Browser geöffnet war. Es dauerte, bis sich der Beitrag starten ließ. Zuerst sprach die Moderatorin:»Mit diesem Andrang haben die Verantwortlichen des Support-Busses nicht gerechnet. Als sie gestern um zehn Uhr auf dem Marktplatz ihre Aktion starteten, warteten bereits viele Senioren und auch jüngere Menschen, die mit der modernen Technik so ihre Mühe haben. Unsere Reporterin war vor Ort dabei.« Auf dem Bildschirm erschien eine Frau mit langen blonden Haaren. Sie hielt ein Mikrofon in den Händen und erzählte davon, wie erfolgreich das Angebot des Mobilfunkunternehmens war. Die drei Techniker hätten rund um die Uhr zu tun, den vielen Kunden die verschiedenen Funktionen ihrer Handys zu vermitteln. Es wurden Aufnahmen von Senioren eingeblendet, die sich von den Angestellten des Mobilfunkunternehmens beibringen ließen, wie man Telefonnummern speicherte, SMS verschickte oder mit dem Handy fotografierte. Die Reporterin interviewte eine ältere Frau. Sie sah total begeistert aus und freute sich, viele weitere Funktionen ihres Handys kennengelernt zu haben.

»Das Angebot ist übrigens kostenlos«, betonte die Reporterin, »aber natürlich verspricht sich das Unternehmen dadurch eine bessere Kundenbindung und viele neue Handy-Verträge.«

Lukas speicherte den Link ab. Das war ja wirklich eine coole Sache. Seine Oma hatte auch ein Handy und kam sogar ziemlich gut damit klar. Im Gegensatz zu seinem Opa, der sich standhaft weigerte, sich eines zuzulegen. Lukas' Magen knurrte. Er hatte das Essen vergessen. In der Küche las er den Zettel, den ihm seine Mutter hinterließ, wenn sie den ganzen Tag bei der Arbeit war. Heute hatte sie ihm einen Gemüseauflauf vorbereitet, den er einfach ein paar Minuten in den Mikrowellenherd schieben sollte. Den zweiten Teil der Botschaft hätte er am liebsten überlesen: »Bitte Geschirrspülmaschine ausräumen!« Er schenkte sich ein Glas Eistee ein. In Gedanken war er noch immer bei diesem TV-Beitrag. Er hatte noch nie von einem solchen Angebot gehört. Das schien etwas Neues zu sein.

Der Mikrowellenherd piepste. Fabian nahm den Teller mit dem Gemüseauflauf heraus und setzte sich an den Tisch. Er merkte, dass er von Clark beobachtet wurde. Lukas hätte ihm gerne etwas abgegeben, aber es würde ihm nicht schmecken und seine Mutter würde durchdrehen, wenn sie davon Wind bekam. Clark bellte und wedelte aufgeregt mit dem Schwanz. Das war ein eindeutiges Zeichen. Er wollte an die frische Luft.

»Einen Augenblick«, bat Lukas und schlang den Gemüseauflauf hinunter. Warum nicht dieses Handy-Service-Angebot zum Projektwochen-Thema machen? Das Ganze klang schon witzig und auch originell. Man musste natürlich überlegen, ob man wirklich genug Senioren fand, die daran Interesse hatten.

Kurz vor sechs loggte er sich ein. Die anderen waren noch nicht online. Er loggte sich bei Facebook ein und bestätigte Freundschaftsanfragen von zwei Mädchen aus seiner Schule, die er vom Sehen kannte. Unten im Flur waren Geräusche zu hören.

»Ich bin wieder da«, rief seine Mutter.

Er ging kurz hinunter, um sie zu begrüßen. Als er wieder ins Zimmer zurückkam, wurde Jennis Nickname in der User-Liste angezeigt.

»Sind die anderen noch gar nicht da?«, lautete die Nachricht, die bereits auf ihn wartete.

»Nein, nur ich.«

»Julia kommt nicht, bei ihr funktioniert das Internet nicht. Sie hat mich gerade angerufen. Und sie hat keine Idee.«

In diesem Moment loggte sich Amanda ein.

»Alles klar bei euch? Ich hoffe, ihr habt tausend Ideen.«

Jenni kommentierte dies mit einem bösen Smiley. »Also, schießt mal los.« Amanda tippte alles ein, was ihr noch in den Sinn gekommen war: »Das Schulhaus und das gesamte Schulareal putzen, eine Woche Unterricht im Freien. Das war's.«

»Und du, Lukas?«

Er schickte ihnen den Link zum TV-Beitrag. Es dauerte eine Weile, bis die beiden Mädchen reagierten.

»Mein Computer ist immer noch am Laden«, teilte Jenni mit.

Amanda meldete sich als Erste zurück: »Witzig, aber was willst du damit sagen?«

Lukas schlug sich mit der flachen Hand auf die Stirn. War das nicht offensichtlich? Aber auch Jenni musste man auf die Sprünge helfen.

»Danke für den Beitrag. Aber ich glaube, bei uns wissen alle, wie man mit Handys umgeht.« Es folgte ein großes Smiley.

»Wir schon, aber viele Erwachsene in unserer

Region sind vielleicht mit ihrem Handy überfordert. Hier könnten wir Abhilfe schaffen.«

»In einer Projektwoche?«, fragte Amanda.

»Genau. Die Leute unserer Schule bringen älteren Menschen bei, welche Funktionen in ihrem Handy stecken. Ein Handy-Kurs sozusagen. Man könnte verschiedene Programme anbieten: Für Anfänger, für Fortgeschrittene und so weiter.«

»Und auch ein Programm für die Lehrer«, warf Jenni ein, »dann vergessen sie nicht mehr, das Handy im Unterricht auf lautlos zu stellen, hahaha.«

»So etwas hat es sicher noch nie gegeben«, schrieb Lukas.

Das konnten die anderen nur bestätigen.

»Irgendwie finde ich es cool«, meinte Jenni, »und was Besseres haben wir wirklich nicht.«

»Sehe ich genauso«, gab Amanda bereits eine Sekunde später durch.

»Dann würde ich sagen, dass du am besten gleich das Konzept aufsetzt und für morgen vorbereitest«, entschied Jenni. »Es war ja deine Idee und du hast da am meisten Durchblick.«

Lukas wollte protestieren, aber es flimmerte bereits ein Dankeschön in Großbuchstaben über den Bildschirm. In dringenden Fällen schien Amanda eine flinke Tipperin zu sein.

»Dann sehen wir uns morgen«, schrieb Jenni, die es auf einmal eilig zu haben schien. »Und gute

129

Ideen fürs Schreiben!« Ehe er sich's versah, war er der Einzige im Chat. Das hatten die beiden aber wieder clever angestellt! Hätte er doch bloß schneller reagiert. Er sah auf die Uhr. Es war kurz vor halb sieben. Um neun hatte er sich mit einem Online-Spielpartner aus Frankreich verabredet. Sie wollten die Gegnermannschaft heute endlich mal schlagen. Sie hatten sich lange genug darum bemüht, den blauen Diamanten aufzustöbern, und jetzt hatten die Gegner vor ihnen die Höhle erreicht. Also musste er sich beeilen. Er öffnete das Textverarbeitungsprogramm und versuchte, das Projekt möglichst überzeugend zu beschreiben.

Als Lukas das Klassenzimmer betrat, warteten Julia und Jenni schon ungeduldig. Julia strahlte über das ganze Gesicht.»Jenni hat mir alles erzählt. Das ist echt eine klasse Idee! Die hat mir sofort gefallen.« Lukas reichte den beiden Mädchen eine Kopie des Konzepts.

»Eins a!«, lautete Jennis Kommentar, nachdem sie die Blätter überflogen hatte.»Das hört sich einleuchtend an. Wenn die das nicht umsetzen, dann weiß ich auch nicht mehr weiter.«

Amanda, die einige Minuten später eintraf, wollte einfach nur in Ruhe gelassen werden.»Ich schlafe noch«, murmelte sie und ließ die dunkle Sonnenbrille gleich auf.»Eines Tages werde ich den Wecker nicht mehr hören, darauf könnt ihr Gift nehmen.« Sie hätte bis kurz vor Mitternacht das Finale dieser Castingshow geschaut. »Wenn ihr alle vom Konzept überzeugt seid, ist es sicher eine runde Sache.« Sie klemmte ihren Rucksack unter den Tisch und legte den Kopf auf die Tischplatte.

»Wenn uns bloß niemand zuvorkommt«, bangte Julia. »Sobald er auftaucht, müssen wir es ihm geben.« Sie beäugten ihre Mitschüler. Die wirkten nicht ungeduldig, aber das hieß noch nichts. Julia kramte in ihrer Tasche nach dem Taschenrechner. »Wenn wir für diese Arbeit eine gute Note bekommen, könnte mich das vor einer Zeugniskatastrophe bewahren.«

»Wie bist du eigentlich auf diese tolle Idee gekommen?«, wollte Jenni wissen.

»Mein Geheimnis«, gab er kleinlaut von sich. Vielleicht wäre es doch besser gewesen, eine eigene Idee zu entwickeln?

Es läutete. Herr Wolf blieb in der Tür stehen und ließ den letzten Schülern den Vortritt. Dann kam er herein und grüßte. Da war Jennis Hand schon oben. Überrascht sah er sie an.

»Wir haben was für Sie!«, trompetete sie. »Unser Konzept!«

»Ihr seid aber schnell gewesen.« Jenni reichte ihm die Mappe. Er las den Titel, dann blickte er in die Klasse.

»Ist noch eine Gruppe fertig?«

»Bis heute Mittag«, rief jemand.

»Wir müssen die Idee noch aufschreiben«, erklang es aus einer anderen Ecke. Herr Wolf legte die Mappe auf seinen Tisch und ging langsam zur Tafel.

»Wollen Sie es gar nicht lesen?«, fragte Jenni.

»Das ist doch nicht so eilig«, winkte er ab. Jenni war anderer Meinung. »Aber es ist wirklich eine brillante Idee! Das sollten Sie sich reinziehen.«

Lukas schaute ängstlich zu Fabian hinüber. Der hatte noch keinen blassen Schimmer.

»Jetzt haben wir uns so beeilt«, flötete Jenni. Lukas stupste sie an. »Ist doch egal.« Am Ende kam es noch so weit, dass Herr Wolf die Idee der versammelten Klasse präsentierte. »Wenn er die Idee blöd findet, sind wir total blamiert«, flüsterte Lukas.

Jenni lachte. »Jetzt mach dir nicht in die Hose. Die Idee ist einfach genial! Du kannst stolz darauf sein.«

Lukas spielte mit den Stiften in seinem Etui herum. Hoffentlich ließ sich Herr Wolf nicht von Jennis Hartnäckigkeit umstimmen. Aber vergeblich. Er hatte bereits seine Meinung geändert.

»Na schön«, sagte er und nahm die Mappe wieder in die Hand. Er schlug sie auf und las die erste Zeile. »Interessant, interessant.«

Ein Lächeln huschte über sein Gesicht. Dann runzelte er die Stirn. Er blickte zu Jenni. »Von so etwas habe ich noch nie gehört.«

Die ganze Klasse blickte neugierig nach vorne. Jeder wollte wissen, was die Gruppe um Jenni und Lukas ausgeheckt hatte.

»Die Gruppe hier schlägt sozusagen eine Woche der technischen Hilfe für Betagte vor«, fasste Herr Wolf das Konzept mit einem Satz umständlich zusammen. Jenni und Julia warfen sich einen vielsagenden Blick zu. Herr Wolf musste immer alles so kompliziert machen! Selbst wenn es nur darum ging, einen Stundenausfall bekannt zu geben, verwendete er total hochgestochene Formulierungen.

Lukas hätte sich am liebsten meilenweit weggebeamt. Im Infoblatt hatte nichts davon gestanden, dass die Idee gleich vor der Klasse präsentiert würde. Er hatte gedacht, dass die Lehrer sie intern besprachen, diskutierten und analysierten, bis sie irgendwann in ferner Zukunft eine Entscheidung fällten und dann erst den Sieger vorstellten. Bis dahin hätte er sich eine plausible Erklärung überlegen können, wie er auf diese Idee gekommen und weshalb es wirklich seine Erfindung war.

»Technische Hilfe für Betagte?«, rief Mara. Lukas glaubte, Überraschung herauszuhören. Wahrscheinlich handelte es sich nur noch um Sekunden, bis sie eins und eins zusammengezählt hatte.

»Die Schüler helfen Erwachsenen, die Probleme mit der Technik haben«, fasste Herr Wolf den Projektvorschlag zusammen. »Aber mehr wird jetzt nicht verraten.« Lukas sah aus seinem linken Augenwinkel, wie sich Mara zu Fabian nach hinten beugte und aufgeregt mit ihm tuschelte. Dieser versuchte, sie zu beruhigen. Lukas war nicht mehr wohl in seiner Haut.

»Wenn die anderen Konzepte auch so originell sind, dann bin ich wirklich mehr als zufrieden«, sagte Herr Wolf.

»Cool«, meinte Amanda und gähnte.

Jenni klopfte Lukas auf die Schulter. »Ohne dich hätten wir das nicht geschafft!«

Er lächelte gequält. Er dachte jetzt besser nicht an die Pause.

Jetzt mal Klartext

Das war perfektes Timing. Gerade im allerletzten Moment vor dem Schlusspfiff schoss Timo den Ball ins Tor. Während auf der Zeittafel die letzten Sekunden herunterratterten, hatte Ramon einen scharfen Querpass gegeben und so war Timo, der sich etwa fünf Meter vor dem Tor aufhielt, überraschend zum Zug gekommen. Der Torwart sprang zwar in die Höhe, aber da zappelte der Ball schon im Netz und der Schlusspfiff tönte über den Platz. Timos Mannschaft jubelte. Er ließ sich auf den Rasen fallen und hämmerte mit den Fäusten auf die Wiese.

»Wahnsinn! Verrückt!«, schrie er immer wieder. Er stand auf und hüpfte aufgeregt umher. Seine Mitspieler rannten zu ihm und klatschten ihn ab. Timo riss sich das T-Shirt mit der Nummer 12 vom Leib und wirbelte damit in der Luft herum.

»Wir haben es geschafft! Wir haben es geschafft!« Zwar waren nur wenige Zuschauer anwesend, aber es kam ihm fast so vor, als könnte er die lauten Fanchöre ganz deutlich hören. Dario nahm Timo in den Schwitzkasten.

»Klasse!«, jubelte er. »So kannst du es gerne immer machen.«

»Versprochen«, meinte Timo grinsend.

»Das war wirklich super!«, lobte ihn Rainer, der Trainer.

»Jetzt muss sich Rainer revanchieren«, rief Ramon.

Der Trainer schnitt eine Grimasse. »Da muss er schon noch ein paar weitere Tore schießen, bis ich ihm etwas schuldig bin.«

»Auf die Sekunde genau getimt«, doppelte Dario nach, »als hätte er einen Deal mit der Uhr gehabt.«

Ein paar Spieler der Gegnermannschaft gratulierten Timo, die anderen machten sich vom Platz, ohne ihn eines Blickes zu würdigen. Aber der Trainer der anderen Mannschaft gab sich cool und schüttelte Timo die Hand. »Tolle Leistung.«

Rainer pfiff die Mannschaft bei der Holzbank vor der Sporthalle zusammen. Er gratulierte Timo noch einmal. Es war ihm anzusehen, dass auch er total aus dem Häuschen war. Es war das erste Spiel, das sie gewinnen konnten.

»Meinem Trainerkollegen sind fast die Augen herausgefallen. Der ist echt eifersüchtig, dass wir so einen Zusammenhalt haben. Damit steht und fällt alles.« Das konnte Timo nicht bestreiten. Seit Rainer sie trainierte, machte es allen wieder richtig Spaß und sie hatten ihr gemeinsames Ziel klar vor Augen.

»Alles Weitere dann nächste Woche beim Training«, sagte er. Er merkte, dass die Jungs viel zu aufgedreht waren, um jetzt noch irgendwelche Tipps aufzunehmen.

»Das müssen wir begießen«, rief Ramon. Er schlug vor, sich gleich beim Bilam-Imbiss am Bahnhof zu treffen. Das war ihr Stammlokal. Die anderen waren sofort Feuer und Flamme. Nur Rainer meldete sich ab. Er war schon verabredet. »Aber führt euch dort anständig auf«, schärfte er ihnen ein. Ein Lächeln huschte über sein Gesicht. »Nicht, dass ich irgendwann zu hören bekomme, ich hätte meine Spieler schlecht erzogen.«

Während die einen Rainer halfen, die Tore abzubauen, machten sich die anderen bereits auf den Weg in die Sporthalle zu den Umkleidekabinen.

Die Sporthalle gehörte zur Berufsschule. Sie war erst vor Kurzem renoviert worden und piekfein ausgestattet. Da fühlte man sich schon beinahe wie ein Profispieler. Ihre Trainings und ihre Spiele fanden immer abends oder am Wochenende statt, da waren Schule und Sporthalle wie ausgestorben. Timo jonglierte mit dem Fußball herum. Von ihm aus hätte jetzt gleich noch ein Spiel auf dem Programm stehen können, so viel Power hatte er noch in sich. Mit diesem Sieg hatten sie im letzten Augenblick den Abstieg verhindert!

»Spiel rüber!«, forderte Ramon ihn auf. Sie kickten ausgelassen ein paar Pässe hin und her und alberten dabei herum.

»Ihr seid echt totale Kindsköpfe«, kommentierte Rainer kopfschüttelnd.

»Man könnte meinen, wir hätten ein Bundesligaspiel gewonnen«, sagte Dario und legte das Tornetz zusammen.

Timo verstaute den Ball im Geräteraum. Auf dem Weg in die Umkleidekabine klatschte er laut vor sich hin. »So sehen Sieger aus«, setzte er an und Ramon grölte sofort mit. Bestimmt war das im ganzen Schulhaus zu hören. Er verpasste der Tür einen Tritt, sodass sie gegen die Wand knallte. Andreas und Peter lachten.

»Ich glaube, der hat was Falsches gegessen«, raunte Andreas Peter zu. Timo hüpfte im Umkleideraum auf und ab. Die ersten Spieler verschwanden in der Dusche nebenan.

»Wir haben gewonnen!« Timo war noch immer total außer sich. Langsam schien er damit auch Ramon anzustecken. »Yeah!«, brüllte dieser und die beiden klatschten sich ab.

»Jetzt kriegt euch wieder ein«, rief Andreas.
Timo schnitt eine Grimasse. Sie hatten doch gegen eine Mannschaft gespielt, deren Spieler zwei Jahre älter waren. Darauf konnten sie stolz sein, denn große Chancen hatten sie sich nicht ausgerechnet. Niemand hätte geahnt, dass Ramon bereits nach der ersten Minute ein Tor schießen würde. Es war alles wie am Schnürchen gelaufen. Bis zum Spielende waren drei Tore zusammengekommen, ein Tor hatte Timo gegen Ende der ersten Halbzeit geschossen. Den Gegnern war erst kurz vor Spielende noch ein zweiter Treffer gelungen. Und jetzt das.

»Denen haben wir es echt gezeigt«, brüstete sich Timo. Er nahm sein iPhone aus der Sporttasche und gab die gute Neuigkeit bei Facebook bekannt. Dann ließ er einen House-Song laufen. Er tanzte dazu so ausgelassen, als ob er in einer Disco wäre. Ramon brachte seinen Deospray zum Vorschein und sprühte Fontänen in die Luft. Dazu kreischte er laut. Peter kam gerade aus der Dusche und hielt sich die Nase zu. Aber musste trotzdem lachen.

»Du bist ja echt abgefahren drauf heute.« Es roch wie in einem Parfümladen.

Timo hatte noch nicht genug. Er musste noch einen Gang zulegen. Er kramte in seiner Sporttasche herum, bis er die Cola-Dose entdeckte. Er schüttelte sie heftig und rief:»Jetzt lassen wir die Party steigen!«Dann riss er die Lasche auf. Sofort spritzte eine braune Fontäne heraus. Es dauerte nicht lang und überall zeigten sich braune Flecken. Einige brachten ihre Klamotten in Sicherheit.

»Mann, hört auf!«, fuhr Andreas die beiden an. Aber Timo dachte nicht daran.»Wie langweilig seid ihr denn drauf?«

Andreas versuchte, Timo die Dose zu entreißen, aber dieser hielt sie weit in die Höhe.

»Was tun die wohl, wenn wir mal ein wichtiges Spiel gewinnen?«, murmelte Dario.

»Die schlagen uns das ganze Stadion klitzeklein«, grinste Simon und erntete dafür zustimmende Lacher.

Einige waren bereits fertig mit Duschen und packten ihre Sachen zusammen.

»Wir warten unten am Bahnhof im Imbiss«, sagte Dario zu Timo und Ramon, die sich noch nicht einmal ausgezogen hatten. Er setzte sich seine Baseballmütze auf.»Und vergesst nicht, was Rainer gesagt hat.«

»Kommt mal ein bisschen runter«, meinte Simon. Er steckte sich die Kopfhörer seines MP3-Players ein,»an eurer Stelle würde ich mich beeilen. Sonst haben wir schon alle ausgefeiert, bis ihr bei Bilam auftaucht.«

»Die Fete wird sowieso erst dann richtig cool, wenn wir da sind«, gab Timo zurück.

Ramon schien sich inzwischen etwas abgekühlt zu haben.

»Wir kommen sofort«, versprach er Simon und verzog sich in die Dusche. Timo hingegen war noch immer total aufgedreht. Kaum war Simon aus der Tür, sprang er auf die Holzpritsche und versuchte sich mit einem Moonwalk im Stil von Michael Jackson. Erst als er sich umsah, fiel ihm auf, dass er mittlerweile allein war. Die anderen hatten schon alle Leine gezogen. Ohne Publikum machte es nur noch halb so viel Spaß. Zeit, dass er hier weg kam. Sonst würde er noch die Feier verpassen. Und das ging wirklich nicht.

Als Timo aus der Dusche kam, hatte sich Ramon bereits angezogen und schnürte die Turnschuhe. Timo ließ auf seinem iPhone einen Song mit schnellem Beat laufen. Er summte mit und stampfte mit den Füßen im Takt.

»Beeil dich«, drängte Ramon, »die anderen sind sicher schon dabei, am Tischkicker zu spielen.« Er legte sein Handtuch zusammen und verstaute es in den Untiefen seiner Sporttasche. Dann musterte er Timo und entschied: »Du brauchst sicher noch ein Weilchen, ich geh schon mal vor.«

141

Timo sprang auf die Holzpritsche und startete

einen zweiten Moonwalk-Versuch. Aber Ramon hatte sich schon zum Gehen umgedreht. Der Song war zu Ende und sogleich startete ein anderer. Der hatte noch mehr Tempo. Timo fing an, auf der Holzpritsche herumzuhüpfen. Plötzlich gab es einen Ruck. Timo stürzte auf den Boden. Was war denn das gewesen? Er nahm die Pritsche unter die Lupe. Eine der Holzlatten war durchgebrochen. Timo musste lachen. Die Bank war einfach auseinandergebrochen! Wenn er das den Jungs erzählte ... Die Bank war jetzt total kaputt. Aber das konnte man bestimmt wieder reparieren. Sicher ein Kinderspiel für einen Handwerker. Er stand auf und setzte sich auf die Bank gegenüber. Dann starrte er wieder zu der Latte. Ob man das wirklich so schnell wieder kitten konnte? Langsam wurde Timo nervös. Warum brach eine Bank so einfach auseinander? So fest hatte er gar nicht gerüttelt. Die musste doch so etwas aushalten ...

»Was ist denn hier los?«

Timos Herz setzte einen Schlag aus. Der Hausmeister stand in der Tür.

»Was ist ...« Aber bevor er die Frage ein zweites Mal gestellt hatte, hatte er die Bescherung entdeckt. »Wie konnte denn das passieren?« Er sah sich die Bank genauer an.

»Ist gebrochen, als ich in der Dusche war«,

sagte Timo schnell. Aber er wusste selber, dass sich das nicht besonders überzeugend anhörte.

Der Hausmeister zeigte auf ihn.»Dann hast du dich aber schnell abgetrocknet und angezogen.«

»Ich ...«, setzte Timo an, aber dann schwieg er. Der Hausmeister kontrollierte die Holzbank. Timo warf einen Blick zur Tür. Warum hatte er sich nicht gleich aus dem Staub gemacht? Vielleicht wären sie dann nicht auf ihn gekommen.

»Abgebrochen ...«, murmelte er und hielt Timo das abgebrochene Holzstück unter die Nase,»das wird wohl kaum von alleine passiert sein.« Er blickte Timo an.»Also, raus mit der Sprache – was war los?«

Einige Augenblicke war es still. Der Hausmeister verschränkte die Arme vor der Brust.»Na gut«, meinte er nach einer Weile,»dann gehen wir mal in mein Büro.«

»Aber ich muss dringend weg«, protestierte Timo,»ich habe eine wichtige Verabredung ...«

»So wichtig wie das hier wird es wohl nicht sein«, sagte der Hausmeister und schob Timo zur Tür.

Das Büro des Hausmeisters entpuppte sich als kleine Kammer, die ziemlich vollgestopft war. Der Hausmeister wies Timo einen Holzstuhl zu und nahm gegenüber auf dem Bürosessel Platz. Er tippte auf seinem Handy rum.»Rainer?«

Timo zuckte zusammen. Der Trainer. Er wollte jetzt doch nicht etwa Rainer einbeziehen? Aber da hatte der Hausmeister ihn bereits ins Büro gebeten.

»Er will sicher auch hören, was da nach dem Spiel passiert ist«, erklärte er, nachdem er das Telefonat beendet hatte. Er beugte sich nach vorne. Timo kam es so vor, als würde ihn sein Blick durchbohren. Er rutschte nervös auf dem Stuhl hin und her. Er entdeckte die Uhr an der Wand. Die anderen fragten sich bestimmt, wo er so lange blieb.

»So etwas kann doch mal passieren«, sagte Timo. Dafür erntete er einen lauten Seufzer. Dann war es wieder still. Als es klopfte, begann Timos Herz noch schneller zu pochen. Rainer kam herein. Er schien den Grund noch nicht zu kennen.

»Was gibt es?« Er schaute den Hausmeister erwartungsvoll an.

»Wir haben hier ein kleines Problem. In der Garderobe herrscht das totale Chaos und eine Latte ist aus der Bank gebrochen. Timo behauptet, das sei von allein passiert.«

Der Trainer runzelte die Stirn. »Was?«

Der Hausmeister erzählte, was passiert war: »Ich habe gerade den Geräteraum abgesperrt, als ich einen lauten Knall hörte. Auf dem Flur ist mir Ramon begegnet, der schien das Geräusch nicht mitbekommen zu haben, weil er auf seinem MP3-

Player Musik hörte.« Er zeigte auf Timo. »Und in der Garderobe war nur noch er.«

»Was hast du dazu zu sagen?«, wandte sich Rainer an Timo. Dieser versuchte, seinem Blick auszuweichen.

»Hallo?«, rief Rainer. »Hörst du mir zu?« Es war seiner Stimme anzuhören, dass er langsam wütend wurde. Genauso war er drauf, wenn beim Training etwas einfach nicht klappen wollte.

»Na schön«, meinte Rainer, als Timo keine Anstalten machte, etwas über den Vorgang in der Umkleidekabine zu erzählen, »wir können dich auch einfach hierbehalten, bis du Lust bekommst, mit der Wahrheit rauszurücken.«

»Es ist von allein kaputtgegangen«, beharrte Timo.

Rainer verdrehte die Augen. »Ich will jetzt die Wahrheit hören!« Er wandte sich an den Hausmeister. »Wir lassen ihn ein paar Minuten alleine. Vielleicht fällt ihm dann alles wieder ein.« Der Hausmeister nickte.

»Fünfzehn Minuten«, erklärte Rainer, »denk scharf nach.«

Das war ja voll krank! Timo schnappte sich einen Baseball, der auf dem Tisch lag, und drückte an ihm herum. Was sollte er jetzt tun? Seine Eltern würden ihn einen Kopf kürzer machen, wenn sie von der Sache erfuhren. Sein Vater reagierte total allergisch auf solche sinnlosen Aktionen. Und Rainers Reaktion wollte er sich gar nicht erst vorstellen. Der würde sicher komplett ausrasten. Vor ein paar Monaten hatte mal jemand vor lauter Aggression ein Tor kaputt getreten. Dafür hatte er ein paar Wochen auf der Ersatzbank ausharren dürfen. Dabei war das Tor schon ziemlich alt gewesen. Da war die Holzbank in dieser neuen Sporthalle ein viel krasserer Schaden. Er könnte seine Version ausbauen, dass er sich ahnungslos auf die Bank gesetzt hatte und die Latte schon vorher angebrochen gewesen war ... Das konnte doch vorkommen. Warum nicht? Er sah aus dem Fenster. Sein Handy vibrierte. RAMON, kündigte das Display an.

»Wo bleibst du?« Im Hintergrund war Gelächter zu hören. Die Jungs schienen sich prächtig zu amüsieren. Timo druckste herum.

»Wurde aufgehalten, ich komme gleich.«

»Du brauchst ja länger als ein Mädchen«, zog ihn Ramon auf, »musst du dich stylen?«

»Ich bin gleich bei euch«, machte Timo dem Gespräch ein Ende. Er ließ das Handy in seiner Jeans verschwinden. Es blieben ihm nur noch ein paar Minuten. Er musste sich jetzt ganz schnell etwas einfallen lassen. Nervös lief er auf und ab. Auf keinen Fall durfte er es sich mit Rainer verscherzen. Gerade heute, wo Rainer so beeindruckt war von ihm. Plötzlich hatte er eine Idee.

Zunächst war es nur ein Geistesblitz – ein spontaner Einfall, der im Kopf auftauchte, aber den man sofort wieder zur Seite schob, weil er zu abwegig war. Aber je mehr Zeit verging, umso mehr klammerte sich Timo an dieser Idee fest. Er redete sich ein, dass es die einzige, richtige Lösung war. Ihm blieb nichts anderes übrig.

Als Rainer und der Hausmeister zurückkehrten, saß Timo wieder auf dem Stuhl. »Jetzt sind wir aber gespannt«, sagte Rainer, »ich hab mir inzwischen selbst ein Bild von der Umkleidekabine gemacht. Das sieht ja echt mies aus. Man könnte meinen, darin hätte eine Horde wilder Affen ihr Unwesen getrieben. Das wird einiges kosten, um das wieder zu reparieren. Da hat wirklich jemand mit ziemlich viel Kraft die Bank bearbeitet. So etwas passiert nicht von allein.« Er warf einen Blick auf die Armbanduhr. »Ich wäre wirklich froh, wenn wir jetzt zu einem Ergebnis kommen könnten. Ich habe noch einen Termin.«

»Es ist ein anderer gewesen«, sagte Timo. Er war selber erstaunt, wie leicht ihm der Satz über die Lippen ging.

»Was?« Damit schien Rainer nicht gerechnet zu haben.

Timo nickte.

»Und wer?«

Timo ließ sich Zeit.

»Ramon«, sagte er dann.

Rainer war überrascht. »Ramon?«

Timo verstand, dass ein Name allein nicht genügte. »Er hat doch schon das letzte Mal in der Toilette diesen Quatsch gemacht. Irgendwie hat der immer Unsinn im Kopf.«

Der Trainer und der Hausmeister sahen sich an.

»So abwegig ist es nicht«, meinte der Hausmeister, »wenn ich mich richtig erinnere, hatte es Ramon ziemlich eilig. Als wollte er sich aus dem Staub machen.«

Timo hätte beinahe gegrinst. So schnell sammelte man Punkte. Das war jetzt nicht einmal auf seinem Mist gewachsen. Rainer dachte eine Weile nach. »Okay«, meinte er dann, »und warum hast du das nicht gleich gesagt?«

Timo zuckte mit den Achseln. »Er ist doch mein Freund.«

Rainer schien das zu genügen. »Okay, dann hätten wir es ja.«

Timo sah überrascht auf. »Ich kann gehen?«

Rainer zuckte mit den Schultern. »Wir haben es anscheinend mit dem Falschen zu tun. Dann muss ich mir jetzt mal Ramon vorknöpfen.«

Timo stand auf und wusste nicht recht, was er tun sollte. Er hatte nicht erwartet, dass er so leicht davonkommen würde. An der Tür wandte er sich kurz um. »Und was passiert nun mit Ramon?«

Rainer zuckte mit den Achseln. »Das müssen

wir noch besprechen. Aber wenn sich der Vorwurf bestätigt, müssen wir ihn für einige Zeit aus der Mannschaft ausschließen. So etwas ist keine Lappalie. «

Timo schluckte. Er wollte noch etwas sagen, aber dann verabschiedete er sich.

Auf dem Weg nach draußen spielte er mit dem Handy herum. Sollte er Ramon anrufen und ihn warnen? Quatsch, dann wäre ja alles klar. Kaum war er an der frischen Luft, hatte sich das zufriedene Gefühl aus dem Staub gemacht. Beim Fahrradständer war nur noch ein Fahrrad: seines. Ob er noch am Bahnhof vorbeischauen sollte? Die anderen waren sicher schon längst weg. Und er hatte sowieso keine Lust mehr zum Feiern. Es war wohl besser, wenn er Ramon jetzt nicht über den Weg lief. Er wollte eigentlich nur noch nach Hause und sich vor dem Fernseher von irgendeiner Serie zudröhnen lassen. Eine Weile suchte er auf seinem iPhone rum. Aber irgendwie passte kein Song zu seiner momentanen Stimmung. Zum Glück musste er niemandem seine Gefühle beschreiben. Echt schwierig, für so etwas ein passendes Adjektiv zu finden. Es war ein doofer Nachmittag gewesen. Ob Rainer schon bei Ramon angerufen hatte? Er würde alles abstreiten und die Schuld auf ihn schieben. Aber da würde er wohl keine Chance haben. Er konnte ja nicht beweisen, dass er es nicht gewesen war. Es waren keine Zeugen in der Garderobe gewesen. Und im Gegensatz zu Timo hatte Ramon schon einmal Mist gebaut. Da besaß Timos Aussage mehr Glaubwürdigkeit. Ob Rainer wirklich ernst machte? Gleich wegen dieses Zwischenfalls solche Maßnahmen zu ergreifen, war ja schon sehr krass. Aber Timo kannte seinen Trainer. Wenn Rainer sich etwas in den Kopf gesetzt hatte, dann gab es kein Pardon.

»Komm gut nach Hause«, rief Rainer, als er an ihm vorüberging. Er steuerte auf seinen Wagen auf dem Parkplatz zu. »Und sorry, dass ich dich beschuldigt habe. Es hat auf den ersten Blick wirklich alles auf dich hingedeutet.«

»Schon okay«, meinte Timo kleinlaut. Er beobachtete, wie Rainer in seinen blauen Golf stieg und davonbrauste.

Als Timo beim Bahnhof ankam, war ihm nicht mehr nach Feiern zumute. Aber er musste jetzt dorthin, sonst fiel es auf. Er musste so tun, als wüsste er von nichts. Hoffentlich konnte er den anderen verklickern, dass er Ramon nicht freiwillig verpetzt hatte. Vor dem Imbiss standen nur zwei Fahrräder. Gerade verließen Dario und Peter das Lokal.

»Geht ihr schon?«, fragte Timo und stieg vom Rad. Die beiden machten ein Gesicht, als hätte

ihre Lieblingsmannschaft soeben ein Eigentor geschossen. Sie sahen Timo an und sagten nichts.

»Was ist los?«

»Rainer war gerade da«, war Dario kurz angebunden.

»Und?«, spielte Timo den Ahnungslosen.

»Tu nicht so naiv«, fuhr Peter ihn an, »du weißt
genau, dass Rainer hier war, um sich Ramon vor-
zuknöpfen. Du hättest ihn beobachtet, wie er in
der Umkleidekabine randaliert hat.«

Timo musste schlucken. »Und wo ist Ramon
jetzt?«

»Er wollte nach Hause«, sagte Dario, »Rainer
hat ihn für zwei Monate aus der Mannschaft ausgeschlossen.«

»Ach, das war sicher nur so dahergesagt«,
winkte Timo ab, aber er wusste genau, dass Rainer solche Sachen nur sagte, wenn es ihm ernst
war.

»Die Stimmung war dann im Eimer und die
meisten sind gleich aufgebrochen«, fuhr Dario
fort.

»Wirklich doof«, meinte Peter, »der heutige
Nachmittag hätte echt anders enden können.«

Timo nickte gedankenverloren. »Und was hat
Ramon gesagt?« Die beiden sahen ihn fragend an.
»Wie hat er auf Rainers Anschuldigungen rea-
giert?«

»Er hat alles abgestritten und die Schuld auf

dich geschoben.« Timo verzog keine Miene. Was die anderen in der Mannschaft jetzt wohl dachten? Es war keiner dabei gewesen. Ramon und Timo waren die Letzten gewesen. Es stand Aussage gegen Aussage. Aber wenn ihm nun ein paar misstrauten?

»Ich hoffe für dich, dass du die Wahrheit gesagt hast«, murmelte Dario. Timo wich seinem Blick aus. Ahnte er was?

Der geheime Deal

Larry spürte immer sofort, wenn er beobachtet wurde.

»Der Hausmeister guckt schon wieder zu uns rüber.« Max und er hielten sich jetzt schon etwa eine Stunde bei den Sitzbänken im Untergeschoss des Einkaufszentrums auf. Es wäre der ideale Treffpunkt gewesen, wenn ihnen der alte Hausmeister nicht ständig die Laune verdorben hätte. Jedes Mal, wenn sie hier waren, setzte er alles daran, die Jungs zu verscheuchen. Dabei taten sie ja niemandem was. Sie standen nicht einmal im Weg.

Max ließ sich von Larrys Bemerkung nicht aus dem Konzept bringen und redete weiter: »Die können mich echt mal. Ich hab ihnen tausend Mal gesagt, dass ich im Büro draufgehe. Entweder mache ich das Abi oder sonst irgendwas Kreatives.« Max' Eltern hatten sich in die Idee verrannt, dass ihr Sohn der perfekte Büroangestellte war. Seit Wochen lag er Larry mit dieser Story in den Ohren.

Larry beobachtete, wie eine junge Frau mit langen schwarzen Haaren ihren bis oben gefüllten Einkaufswagen an ihnen vorbeischob. »Meinst du, die tauchen heute noch auf?«, fragte er. Sie waren schon vor einer Stunde mit Finn und Paul hier verabredet gewesen.

»Vielleicht ist ihnen was dazwischengekommen ...« Aber kaum hatte Max den Satz beendet, öffneten sich die Lifttüren und die beiden Jungs sprangen heraus. Paul marschierte in seinem typischen breitbeinigen Gang auf sie zu. Finn folgte ihm, in der linken Hand ein Zweiliter-Tetrapack Eistee. Als sie bei der Bank angelangt waren, klatschten sich alle vier ab.

»Nicht zu laut, sonst setzt uns der Alte gleich wieder an die Luft«, mahnte Larry seine Kumpels. Im Moment schaute der Typ zwar gerade nicht herüber, aber sie wussten, dem entging nichts.

»Was läuft? Irgendwelche News?«, wollte Max wissen.

Paul grinste vor sich hin. »Das könnte man so sagen ...« Er wechselte einen vielsagenden Blick mit Finn. »Mach mal Platz.« Er schubste Larry zur Seite und setzte sich neben ihn.

»Erzähl schon«, forderte Max ihn auf. Aber Paul hatte noch immer nicht aufgehört, wie ein Verrückter in die Gegend zu grinsen.

154 »Er hat ein richtig dickes Ei gelegt«, tat Finn geheimnisvoll. Er nahm einen großen Schluck

Eistee. Danach reichte er die Packung an Max weiter.

Paul lachte laut. »So könnte man es nennen.«

»Ich sag nur ein Wort«, fuhr Finn fort und dann nannte er den Namen des Rappers, der in der Region in den letzten Jahren durch viele erfolgreiche Konzerte ziemlich bekannt geworden war und es sogar geschafft hatte, vor ein paar Wochen mit seinem Album in die Charts einzusteigen.

Max brauchte eine Weile, bis er kapierte, auf was die beiden hinauswollten. »Du hast ihn kennengelernt?«

Paul schüttelte grinsend den Kopf. »Viel, viel besser.«

Bevor Max etwas sagen konnte, meldete sich über die Lautsprecher eine Frauenstimme zu Wort und pries die aktuellen Supermarkt-Angebote an. Als sie verstummt war, unternahm er einen zweiten Versuch.

»Er hat dich gelobt?«

Endlich ließ Finn die Katze aus dem Sack: »Wir, oder besser gesagt Paul, dürfen ihn nächstes Wochenende supporten.«

Larry und Max waren baff. Max sah Larry an, aber der war wie gelähmt und gab keinen Ton von sich.

»Jetzt nochmals zum Mitschreiben«, sagte Max zu Paul, »du sprichst von diesem Konzert in der Alten Fabrik?«

155

»Drei Songs, ihr begleitet mich, ich rappe vorne, ihr macht hinten die Beats.«

Max kam aus dem Staunen nicht mehr heraus. »Das ist ja einfach nur krass.«

Sie hatten vor etwa drei Wochen ihr Demo-Material bei der Veranstalterin abgegeben. Seither hatten sie nichts mehr gehört. Keiner von ihnen hatte damit gerechnet, dass sie noch im Rennen waren. Ihre Show war nicht gerade alltäglich: Drei von ihnen machten Beatbox als Background und der vierte rappte. Das Programm war aus der Not heraus entstanden, weil sie kein Studio hatten, in dem sie richtige Drums und Bässe hätten einspielen können. Als Demo-Material hatten sie fünf Songs mit Larry als Rapper sowie drei Songs, bei denen Paul für den Rap-Part zuständig war, eingereicht. Larry hatte noch versucht, den anderen Pauls Songs auszureden. Er hatte sie total langweilig gefunden und gemeint, die Texte würden höchstens beim Grand Prix der Volksmusik auf Begeisterung stoßen, aber sicher nicht bei Leuten, die sich für originellen, coolen Rap-Sound interessierten.

»Und warum wollen sie gerade dich an der Front?« Lag vielleicht eine Verwechslung vor? Wenn es Larry richtig im Kopf hatte, hatte er mehrmals gecheckt, ob die Namen und Songtitel auf dem Anmeldeformular korrekt aufgeführt waren.

Paul zuckte mit den Achseln. »Er hat gemeint, dass er meine Texte cooler findet und sie besser zu seinem Publikum passen.«

Endlich kam wieder Bewegung in Larry. »Das ist wirklich definitiv?«

»Er hat vor einer Stunde angerufen«, sagte Paul, »Finn war dabei.«

Dieser nickte eifrig. »Er hat keinen Ton mehr rausgekriegt. Ihr hättet es hören sollen. Ich hab ihn noch nie so schüchtern erlebt. Der hat sich fast in die Hose gemacht.«

Dafür erntete er von Paul einen Schubs. »Es geht noch immer nicht in meinen Schädel rein. Jetzt müssen wir uns ordentlich ins Zeug legen. Sonst wird das am Samstag eine peinliche Nummer.«

Larry blieb skeptisch. »Deine Texte sind vielleicht cool, aber du hast noch fast nie in der Poleposition gerappt.« Bisher war er immer auf dieser Position gewesen. Die anderen hatten ihm bescheinigt, großes Talent zu haben. Paul hingegen wäre total überfordert.

»Einmal ist immer das erste Mal«, entgegnete Paul. Er schien so vollgepumpt zu sein mit positiver Energie, dass alle Zweifel an ihm abprallten.

»Und du hast zugesagt?«

Paul sah ihn an, als würde er noch an den Weihnachtsmann glauben.

Larry sprang auf. »Aber du hättest uns vorher fragen können!«

Paul zeigte ihm den Vogel. »Hallo? Wenn dich so einer anruft, dann sagst du nicht: Sorry, ich muss meine Jungs erst um Erlaubnis bitten.«

»Aber es geht ums Prinzip.«

Alle schauten an Larry vorbei. Niemand sagte mehr etwas. Es dauerte eine Weile, bis er kapierte, dass hinter ihm der Hausmeister lauerte.

»Ich unterbreche euch nur ungern, aber unsere Kunden wollen ungestört einkaufen. Darf ich euch bitten, euren Zoff draußen auszutragen?«

»Wir haben keinen Zoff!«, gab Larry zurück.

Jetzt wäre definitiv etwas Schlimmes passiert. Zum Glück pfiff Max seinen Freund zurück und redete ihm zu, sich vom Acker zu machen. Nach kurzem Zögern willigte er ein. Sie fuhren mit dem Lift ins Erdgeschoss.

»Dann treffen wir uns heute Abend?«, versicherte sich Paul, bevor sich die Lifttüren öffneten.

Max zeigte nach oben, als könne er durch die Kaufhausdecke den Himmel sehen. »Es soll kräftig regnen. Hat jemand von euch sturmfrei?«

»Ich frage mal meine Mutter«, versprach Finn, »sie hat heute, glaube ich, Vereinssitzung.« Sie klatschten sich ab.

Paul und Finn hatten vor, einen kurzen Abstecher in den Sportmarkt zu machen und Paul wollte sich was zu essen kaufen. Larry hingegen begab sich auf direktem Weg nach Hause.

Zu Hause grüßte Larry seine Eltern nur knapp, schnappte sich in der Garage den Basketball und ging mit ihm auf den Vorplatz. Er begann, den Ball zu spielen. Zwanzig Körbe, setzte er sich ein Limit. Er hatte damit gerechnet, bei diesem Konzert aufzutreten. Seine Texte passten sowieso viel besser als diejenigen von Paul. Er warf den Ball in den Korb. Treffer Nummer eins. Paul war ein Angeber. Der hatte sicher nur dem Veranstalter Honig um den Mund geschmiert, um die Zusage für den Auftritt zu bekommen. Gut möglich, dass es da nicht mit rechten Dingen zugegangen war. Dieses Mal verfehlte er den Korb knapp. Wahrscheinlich steckten Paul und Finn unter einer Decke. Die kannten sich schon seit dem Kindergarten und hielten zusammen wie Pech und Schwefel. Er prellte einmal im Kreis herum. Was hatte Max gesagt? Bis Samstag konnte einiges passieren. Typische Vertröstungen, aber wer konnte es schon wissen? Vielleicht wurde Paul überraschend krank und Larry kam doch noch zum Zug. Solche Zufälle gab es nur im Film. Der zweite Korb. Larry begann zu schwitzen. Aber vielleicht ging es auch ohne Zufall. Er musste über seine eigene Fantasie lachen: Er könnte ja selber Pauls Erkrankung verursachen. Nichts

Schlimmes, eine kleine Magenverstimmung, Übelkeit ... Aber wie stellte man so etwas an? Das hörte sich leichter an als getan. Es musste etwas anderes sein. Irgendwas, das Paul dazu brachte, ihm den Vorrang zu lassen.

Als er den Ball das nächste Mal durch die Luft schoss, hatte er die Idee. Der Ball rollte über den Parkplatz, ohne dass er ihn einholte. Er musste gar nicht erst etwas erfinden. Paul hatte sich ja schon selber ein Bein gestellt. Er zog sein Handy aus der Hosentasche und scrollte sich ins Video-Menü. Warum war ihm das nicht gleich eingefallen? Jetzt konnte man nur von Glück reden, dass er damals so schlau gewesen war, die Szene aufzunehmen. Und Paul hatte es nicht mal verhindert, sondern sich sogar noch extra dafür inszeniert, als würde er auf einer großen Bühne stehen. Selber schuld. Fasziniert zog er sich den etwa dreiminütigen Film rein. Dabei kannte er eh schon jede Sekunde des Materials in- und auswendig. Zuerst war die Kamera auf eine Wand gerichtet. Darauf waren eine Menge Graffiti zu sehen.

»Jetzt kommt das krasseste Bild«, kündigte jemand im Hintergrund an. Die Stimme war eindeutig Paul zuzuordnen. Und eine Sekunde später war er bereits in seiner ganzen Pracht zu sehen. Ein schwarzes Cap auf seinem Kopf, winkte er mit einer Spraydose in die Kamera. Danach drehte er sich um und begann, einen blauen Kreis an die Wand zu sprayen. Das Bild wackelte. Die Kamera zoomte zuerst auf Pauls Gesicht, dann wanderte der Fokus zum nigelnagelneuen Graffito. Dann war das Video zu Ende. Larry zögerte keine Sekunde. Paul hätte ihm ja freiwillig den Vorrang lassen können. Er hätte einfach sofort sagen müssen, dass sie nur auftraten, wenn Larry rappen durfte. Das wäre der logische Ablauf gewesen. Wenn er so egoistisch war, musste man ihm halt zeigen, wer hier der Boss war. Zum Glück war der Film sein kleines Geheimnis.

Er schickte Paul das Video. Dann wartete er ab. Paul würde sich melden. Wahrscheinlich schon in den nächsten Minuten. Er würde wissen wollen, was es damit auf sich hatte. Larry setzte sich vor dem Haus auf die Treppe und wartete. Erst jetzt fiel ihm auf, dass sein T-Shirt total nass geschwitzt war. Er wischte sich das Wasser von der Stirn. Die Sache mit den Graffiti hatte an der Schule für großen Aufruhr gesorgt. Der Rektor hatte mehrere Schüler verhört. Aber bis heute waren die Schuldigen nicht gefunden worden. Alle Spuren hatten sich im Nichts verloren. Die vier Jungs hatten niemandem ein Wort verraten. Es war ihr Geheimnis. Es hatte geheißen, dass den Tätern eine ordentliche Strafe drohte. Ein Verweis oder vielleicht sogar der Rauswurf. Es stand Einiges auf dem Spiel.

161

Bingo! Larrys Handy vibrierte. Er pfiff vergnügt. Paul war dran.

»Du hast mir gerade das Video geschickt.«

»Ich weiß.«

»Und was soll ich damit?«

»Anderen Leuten zeigen? Oder ins Internet stellen?«, schlug Larry vor.

Paul lachte. »Ich bin doch nicht blöd. Wenn das die Lehrer zu Gesicht bekommen, bin ich geliefert.«

Larry konnte das nur bestätigen. »Dann würde ich alles dafür tun, damit das Video auch ja niemand sieht.«

»Wie meinst du das?« Auf einmal schien Paul zu wittern, das Gefahr im Verzug war.

»Wenn ich das Video unserem Rektor zeige, dann gibt's Ärger.«

»Warum solltest du das?«

»Keine Ahnung. Warum denn nicht? Er hat uns doch gebeten, Hinweise zu melden.«

»Das ist jetzt nicht dein Ernst!«, entfuhr es Paul, »Du willst doch nicht ...«

»Kommt ganz drauf an«, sagte Larry, »vielleicht können wir uns auf einen Deal einigen.« Er wartete einige Augenblicke. »Du meldest dich für Samstag ab und schickst stattdessen mich als Ersatz. Dann wird das Video gelöscht und keiner wird je davon erfahren.« Larry war jetzt selber total nervös. Er hatte so etwas noch nie gemacht.

Vielleicht funktionierte es auch gar nicht. Aber Pauls Reaktion bestärkte ihn, weiter nach vorne zu preschen. Am anderen Ende war es verdächtig still.

»Ist es bei dir angekommen?«

»Das ist jetzt ein Witz, oder?«

»Ich wüsste nicht, weshalb es ein Witz sein soll.«

»Du wirst damit nicht durchkommen«, sagte Paul, »du sitzt doch im selben Boot. Du hast gefilmt und du hast auch gesprayt.«

»Das behauptest du«, entgegnete Larry, »nur weil ich gefilmt habe und dabei war, heißt das noch nichts.«

»Jetzt komm mal wieder auf den Boden zurück«, brauste Paul auf. Er schien definitiv kapiert zu haben, dass das hier kein Kinderspiel war. »Ich versuche, mit den Veranstaltern zu reden. Vielleicht sind sie bereit, dich auch rappen zu lassen.«

Larry war einige Sekunden lang hin und her gerissen. Aber dann entschied er sich, hart zu bleiben. Er durfte jetzt nicht den kleinen Finger reichen. Am Ende wurde er über den Tisch gezogen.

»Meine Bedingungen sind klar. Ich bin am Samstag auf der Bühne. Wenn nicht, ist das Video noch am Samstagabend im Briefkasten des Rektors oder auf Youtube zu finden.«

»Du bist einfach ein Trottel! Ich hab gedacht,

wir sind Kumpel. Max und Finn werden aus allen Wolken fallen, wenn sie davon erfahren.«

»Von unserem Deal erfährt niemand was«, verlangte Larry, »das bleibt unter uns.«

Paul seufzte. Larry spürte, dass Paul etwas sagen wollte, aber dann blieb er still.

»Dann wissen wir ja jetzt, was zu tun ist. Melde dich, sobald du alles arrangiert hast.«

Er legte auf. »Wow!«, war sein erster Gedanke. Es schien zu funktionieren. Das musste er erst mal verdauen: Am Samstag war sein erster Auftritt. Das war einfach krass! Am liebsten hätte er es laut herausgeschrien. Alle hersehen, hier kommt Larry, der am Samstag seinen ganz großen Augenblick hat! Er würde den Leuten schon zeigen, dass er der Richtige war. Niemand würde mehr einen Gedanken daran verschwenden, dass ursprünglich Paul vorgesehen gewesen war. Das wäre sicher ein geniales Gefühl, endlich vor so vielen Leuten zeigen zu können, was er draufhatte. Er arbeitete jetzt schon fast ein ganzes Jahr an seinen Songs. Sie hatten schon bei mehreren Veranstaltern angeklopft, aber bis jetzt hatte ihnen noch niemand eine Chance gegeben.

Das Handy vibrierte. Larry traute sich fast nicht, aufs Display zu schauen. Es war Max.

»Wir treffen uns um halb sieben bei Finn. Seine Mutter ist einverstanden.« Hatte Max tatsächlich keinen blassen Schimmer? Oder tat er absichtlich so? Vielleicht hatte Paul alles ausgeplaudert und ihm das Versprechen abgenommen, es vorerst für sich zu behalten?

»Alles klar? Dann sehen wir uns um halb sieben?«, fragte Max, da Larry keinen Pieps von sich gab.

Er versprach, pünktlich dort zu sein.

Larry nahm ganz hinten im Bus Platz. Die gesamte Reihe war leer. Er hatte fast zwei Stunden an den Texten eines neuen Songs herumgefeilt. Den wollte er am Samstag auch performen. Paul hatte sich nicht mehr gemeldet. Larry ging davon aus, dass er die Sache wie besprochen in die Wege geleitet hatte. Fast hätte er Max eine SMS geschickt. Aber das ging ja nicht. Es war doof, die Freude über das bevorstehende Konzert mit niemandem teilen zu können, aber das musste er wohl in Kauf nehmen. Der Auftritt war das Einzige, was zählte. Er musste jetzt so tun, als hätte er keine Ahnung. Sonst schöpfte noch jemand Verdacht und es flog auf, dass es nicht ganz mit rechten Dingen zugegangen war. Das wäre natürlich sein Aus. Auf so etwas ließe sich keine Rap-Karriere aufbauen.

Von der Bushaltestelle bis zu Finn waren es etwa dreißig Meter. Larry zog die Kapuze über und legte den Weg im Laufschritt zurück. Das goss ja wie aus Kübeln.

»Komm herein«, sagte Finn.

Larry schlüpfte aus seiner Jacke und zog die Schuhe aus. Alles war klitschnass. Max wartete bereits im Wintergarten und knabberte Paprika-Chips. Vor ihm auf den Tisch lagen einige vollgekritzelte Seiten Papier. Der Regen prasselte gegen die Scheiben.

»Ich hab den neuen Song noch ein bisschen überarbeitet«, schoss er sofort los, »ich glaube, es ist besser, wenn wir erst beim dritten Reim mit den Beats einsetzen. Paul kann dann länger alleine rappen.«

Larry checkte den Flur. Paul war noch nicht da.

»Cool habt ihr es hier«, sagte er unsicher.

Finn nickte. »Sobald Paul hier ist, gehen wir in den Hobbyraum im Keller. Dort sollten wir genug Platz haben.« Er sah auf sein Handy. »Apropos, der könnte auch langsam auftauchen. Ist schon gleich Viertel vor. Jetzt sind solche laschen Aktionen nicht mehr drin.«

»Vielleicht wegen dem Regen?«, schlug Larry vor.

Aber Finn schüttelte den Kopf. »Der ist ja nicht aus Zucker. Wahrscheinlich musste er noch irgendwem die Neuigkeiten verklickern. Ich kann euch sagen, der war heute echt wie zugedröhnt. Sein größter Traum sei damit in Erfüllung gegangen, schwärmte er. Nach dem Anruf kriegte er sich fast gar nicht mehr ein.

»Ach, so wichtig ist das Konzert auch wieder nicht«, sagte Larry, »es ist ja kein Weltstar.«

»Der Typ ist Pauls großes Vorbild«, schärfte Finn ihm ein. »Er hat mir schon vor Langem mal gesagt, dass er alles dafür geben würde, einmal mit ihm zusammen auf der Bühne zu stehen. Und seine Familie ist auch total stolz.«

»Kein Wunder ist der im siebten Himmel«, murmelte Max.

»Beginnen wir langsam mit der Arbeit?«, setzte Larry der Diskussion ein Ende. Paul hatte heute schon genug im Mittelpunkt gestanden. »Vielleicht taucht er am Ende überhaupt nicht auf und wir haben vergeblich gewartet.«

»Aber er hat fest zugesagt.« Finn griff nach seinem Handy. »Ich frag mal, wo er bleibt.« Während er darauf wartete, dass Paul abnahm, schritt er im Zimmer auf und ab.

Es wäre wohl am besten, wenn er einfach nicht ranging, überlegte Larry, oder wenn er sich mit irgendeiner Ausrede für heute Abend abmeldete.

»Endlich erreiche ich dich! Ich hab schon gedacht, du nimmst nicht ab. Die anderen sind schon da. Wo steckst du?« Er blickte zwischen Larry und Max hin und her. Anscheinend erzählte Paul eine längere Geschichte. Larry versuchte, an Finns Gesicht abzulesen, was Paul erzählte.

»Was?«, entfuhr es Finn. »Aber ich habe gedacht, dass …«

»Lass uns schon mal nach unten gehen«, sagte Larry zu Max, »das scheint sich in die Länge zu ziehen.« Er wollte nicht, dass Max den Anruf mithörte. Doch in diesem Moment war das Telefonat zu Ende.

»Merkwürdige Sache«, murmelte Finn. Er schien in Gedanken noch immer ganz bei dem Gespräch zu sein. »Er kommt nicht. Und er tritt am Samstag doch nicht auf.«

Max war total perplex. »Das ist nicht sein Ernst!«

Larry überlegte, wie er sich jetzt am besten verhielt. Er durfte keinen Fehler machen. Er war selber überrascht, dass Paul tatsächlich nicht kam. Das hatte es bis jetzt noch nie gegeben. Seit sie vor einem Jahr mit ihrem Rap-Programm begonnen hatten, waren sie immer vollzählig gewesen. Larry hatte sich eines Abends sogar nicht mal von Halsschmerzen und Fieber in die Knie zwingen lassen. Es war ein ungeschriebenes Gesetz, dass die Teilnahme Pflicht war.

»Er tritt nicht auf?«, rief Larry und legte eine Extra-Portion Überraschung in seine Stimme. Die anderen schienen es ihm abzukaufen.

»Er war total komisch drauf«, erzählte Finn, »ganz anders als heute Nachmittag.«

»Und er hat nichts gesagt?«, erkundigte sich Max.

Finn schüttelte den Kopf.

Ein Grinsen huschte über Max' Gesicht. »Wahrscheinlich steht er schon draußen vor der Tür und hat uns nur auf den Arm genommen.«

Finn war nicht überzeugt. »Dann hätte er seine Rolle wirklich sehr gut gespielt. Glaub mir, das war echt.«

Max wandte sich an Larry: »Hast du eine Idee?«

»Keine Ahnung.« Warum konnten sie nicht endlich mit der Probe beginnen? Der Samstag näherte sich mit riesigen Schritten und sie mussten noch dringend üben. »Gehen wir runter?«

Finn runzelte die Stirn. »Warum?«

»Wir müssen unsere Performance proben für Samstag.«

Finn schien nachzudenken. »Irgendwas ist komisch. Warum sollten die so plötzlich ihre Entscheidung ändern?«

»So was kommt vor«, sagte Larry.

Finn schüttelte den Kopf. »Mein Vater kennt den Veranstalter und der hat ihm erst heute beim Mittagessen erzählt, dass der Rapper bei der Auswahl des Support-Acts auf Paul bestanden hätte. Im Gegensatz zu den Veranstaltern hätte er die Nummern, die du rappst, total schwach gefunden. Der Typ scheint auf solche komischen Reime abzufahren.«

Larry schluckte. Er wäre am liebsten im Boden versunken. Der Typ hatte ja keine Ahnung! Pauls Texte waren etwas für den Kindergarten. Und soviel er wusste, hatten U15 in der Alten Fabrik keinen Zutritt.

»Dann heißt das, dass unser Auftritt ins Wasser fällt?«, fasste Max alles zusammen.

»Scheint so«, meinte Finn, »eine Probe zu dritt macht auf jeden Fall keinen Sinn. Da brauchen wir gar nicht erst anzufangen.«

Larry gab sich nicht so schnell geschlagen. »Wenn es wirklich aus wäre, hätten sie sich bei uns gemeldet. Solange wir nichts hören, können wir davon ausgehen, dass wir am Samstag auf der Bühne stehen.« Aber so überzeugt war er doch nicht mehr. Wenn ihn der Rapper nicht respektierte, konnte er sich die Sache eigentlich abschminken. Im schlimmsten Fall kassierte er kurz vor dem Konzert eine Abfuhr oder gar vor allen Leuten, wenn er schon auf der Bühne stand.

»Sorry, Jungs«, meinte Max, »ich mach mich langsam vom Acker. Dann ziehe ich mir lieber zu Hause *Two and a Half Men* rein. Ohne Paul können wir die Probe und den Auftritt vergessen.«

Finn war ebenfalls seiner Meinung.

Larry blieben die Worte weg. Die Sache glitt ihm aus den Händen. Das hatte er sich wohl zu einfach vorgestellt. Warum hatte man ihm das nicht früher gesagt? Das würde am Samstag die totale Blamage werden! Wie der Typ wohl reagierte, wenn er realisierte, dass Larry statt Paul den Rap-Part übernahm? Und wenn die anderen drei nicht kamen, brauchte er sich gar nicht erst dort blicken zu lassen. Alleine konnte er sowieso nicht auftreten.

Neles neue Freundin

Eine Minute länger und Lara hätte aus dem ganzen Klassenzimmer Kleinholz gemacht. Noch während es klingelte, rannte sie aus dem Zimmer und schloss sich in der Toilette ein. Das war nun einfach zu viel des Guten. Das würde sie nicht auf sich sitzen lassen. So sauer war sie schon lange nicht mehr gewesen. Und ausgerechnet an einem Dienstag, an dem der Stundenplan sowieso schon der reinste Horror war: Zehn Stunden und nur ganz kurz Mittag. Schon die letzten Nächte hatte sie total schlecht geschlafen, weil sie sich so geärgert hatte. Die heutige Episode hatte sie nicht völlig unerwartet getroffen, es war eigentlich nur die logische Fortsetzung von allem, was vorher passiert war. Aber irgendwie hatte sie die Hoffnung trotzdem nicht aufgegeben und beschlossen, Nele eine letzte Chance zu geben. Sie hatten früher so viel miteinander unternommen und waren unzertrennlich gewesen. Das konnte doch nicht einfach so plötzlich vorüber sein. Also hatte sie vorhin in der Mathestunde Nele einen Zettel zugeworfen mit der Frage, ob sie am Wochenende mit ihr ins Kino gehen wollte. Die Botschaft auf dem Zettel, der erst nach zwanzig Minuten zurückflog, war eindeutig: Nein. Nele war schon verplant. Lara musste gar nicht fragen, mit wem, das war sowieso schon klar: mit Vanessa. Lara musste sich zusammenreißen, um nicht mitten in der Stunde wütend aus dem Zimmer zu stürmen.

Vanessa war an allem schuld. Seit sie in ihre Klasse ging, hing Nele nur noch mit ihr rum. Hätte es den Tag, an dem Vanessa auf ihre Schule gewechselt war, bloß nie gegeben! Wie Kletten klebten die beiden aneinander. Nicht nur Lara, sondern die ganze Klasse hatte die Nase voll von deren ständigem Tuscheln und Kichern im Unterricht. Seit Vanessa in ihre Welt getreten war, tat Nele, als wären alle anderen Luft. Klar, es gab noch andere nette Leute in ihrer Klasse. Nicht, dass ihr langweilig war ohne Nele. Aber es war einfach unfair, wie diese mit ihrer neuen Freundin jetzt all die Dinge unternahm, die sonst sie zusammen gemacht hatten. Für Lara lag es auf der Hand, dass Vanessa das absichtlich machte. Klar war sie auf Kontaktsuche, aber warum musste es denn gerade Nele sein? Es gab so viele Mädchen in ihrer Klasse. Aber schon an Tag eins hatte sie sich an Neles Fersen geheftet und war ihr auf Schritt und Tritt gefolgt. Dabei waren Nele und

Lara seit vier Jahren beste Freundinnen. Damals war Nele neu in die Stadt gezogen. Da sie beide auf *Desperate Housewives* standen und Fans von Rihanna waren, hatten sie sich sofort angefreundet. Sie spielten auch in derselben Volleyball-Mannschaft. Bis auf ein paar kleine Auseinandersetzungen hatte es nie groß Zoff gegeben. Nele war im Laufe der Zeit für Lara, die keine Geschwister hatte, so etwas wie eine Schwester geworden. Natürlich hatten sich auch Laras Eltern gewundert, weshalb sich Nele in letzter Zeit nicht mehr bei Lara hatte blicken lassen. Sie hatte in der Schule und beim Volleyball – dort konnte Vanessa nicht mitmachen, weil ihr Team gerade vollzählig war – mehrmals versucht, mit Nele ins Gespräch zu kommen. Aber die hatte so getan, als ob alles in Butter wäre. Natürlich: Sie hatte ja auch eine neue Freundin.

Irgendwann war der Hunger stärker als ihre Wut. Sie hatte seit gestern Abend nichts mehr gegessen. Sie brauchte was zwischen die Zähne, sonst überstand sie den Nachmittag nicht. Im Schulhaus war es still geworden. Sie verließ die Toilette und machte sich auf den Weg in das Fast-Food-Restaurant, das vorne an der Kreuzung lag. Nachdem sie die Schiebetüren passiert hatte, hätte sie am liebsten wieder kehrtgemacht. Es war kurz nach zwölf und das Fast-Food-Restaurant platzte aus allen Nähten. Fast alle Tische waren schon besetzt, der Lärm war ohrenbetäubend. Auch Laras Lieblingsplätze, die gelben Barhocker an der Wand, waren belegt. Vor jeder Kasse standen meterlange Schlangen. Konnten die nicht etwas schneller machen? Hätte sie von zu Hause nur einen Sandwich mitgenommen, dann wäre ihr das hier erspart geblieben.

Lara reihte sich in die Schlange ein und sah sich um. Einige ihrer Mitschüler schienen dieselbe Idee gehabt zu haben. Etwa einen halben Meter vor ihr standen Vanessa und Nele. Lara schnitt eine Grimasse. Musste das sein? Die beiden auch noch beim Mittagessen beobachten zu müssen, war die reinste Tortur. Es genügte, dass sie ihr in der Schule und bei Facebook nonstop auf die Nerven gingen. Da sie damals dummerweise Vanessas Freundschaftsanfrage bestätigt hatte, wurde sie nun ständig via Statusmeldungen über Vanessas und Neles Freizeitbeschäftigungen auf dem Laufenden gehalten.

Vanessa und Nele schienen so ins Gespräch vertieft, dass sie nicht bemerkt zu haben schienen, wer hinter ihnen stand.

Vanessa redete so laut, dass es bis zu Lara zu hören war.

»Ich will unbedingt diesen Erdbeer-Shake als Nachspeise. Für den könnte ich sterben.«

Nele nickte zustimmend, aber da hatte Vanessa

schon ein neues Thema angeschnitten:»Nach der Schule müssen wir in den Drogeriemarkt. Ich hab gestern in einer Zeitschrift einen neuen Lippenstift entdeckt.«

Nele nickte erfreut.»Cool! Vielleicht bekommen wir wieder ein paar Gratisproben.«

Lara vergaß, vor Empörung den Mund zu schließen. Das war früher immer *ihr* Ritual gewesen – mindestens einmal in der Woche waren Nele und sie nach der Schule in den Drogeriemarkt gegangen und hatten die neusten Produkte getestet. Und jetzt ging Nele mit großer Selbstverständlichkeit mit Vanessa dorthin. Sie schien nicht einmal ein schlechtes Gewissen zu haben. Aber vielleicht war das auch Vanessas Idee gewesen. Eine solche Unverfrorenheit traute sie Nele einfach nicht zu. Es war gut möglich, dass Vanessa sich mit verschiedenen Tricks Neles Sympathie erobert hatte. Aber ehrlich meinte die es bestimmt nicht. Kapierte Nele nicht, dass sie nur ausgenutzt wurde? Es war jetzt definitiv Zeit, den beiden eine Ansage zu machen. Wenn sich nicht so viele Leute, die sie kannte, in Hörweite befunden hätten, hätte sie keine Sekunde mehr gezögert. Was bildete sich diese dumme Kuh eigentlich ein? Letzte Nacht, kurz vor Mitternacht, war ihr im Bett plötzlich ganz klar geworden: Den beiden musste man einen Denkzettel verpassen. Während sie sich hin und her wälzte, hatte sie einige

Varianten durchgespielt. Aber so richtig überzeugt hatte sie keine. Irgendwie schien ihr alles zu kindisch. Am einfachsten wäre es, Vanessa direkt ins Gesicht zu sagen, dass sie das Allerletzte war. Aber wie würde das auf Nele und die anderen wirken? Sie hatte keine Lust, als eifersüchtige Hysterikerin abgestempelt zu werden. Warum nicht einfach Nele diese Szene von heute Morgen unter die Nase reiben?

»Ich geh schnell auf die Toilette«, hörte sie Vanessa sagen, »halt einen Platz für mich frei.« Dann war sie auch schon im Gewimmel abgetaucht. Neles Augen klebten an ihr, bis sie hinter der gelben Toilettentür verschwunden war. Obwohl sich Lara mittlerweile direkt hinter ihr befand, schien Nele sie noch immer nicht gesehen zu haben. Aber Lara war sich sicher, dass sie bemerkt worden war. Nele ignorierte sie doch absichtlich, weil es ihr peinlich war. Warum dauerte es nur so lange, bis sie ihre Bestellung aufgeben konnte? Ihr knurrte der Magen. Sie wollte weg sein, bevor Vanessa wieder auftauchte. Von der hatte sie heute definitiv genug.

Neles Handy zwitscherte. Sie hielt es an ihr Ohr und blickte in Richtung Toiletten.

»Was?«, entfuhr es ihr. »Dort muss man auch so

lange warten? Das ist ja voll öde!«

In diesem Augenblick platzte Lara der Kragen.

Als Nele wieder aufgelegt hatte, stupste sie sie an.

»Vanessa hat sich heute ja wirklich total bei Frau Berger eingeschleimt.«

Natürlich hatte Nele keinen Plan, worauf Lara hinauswollte.

»Vor der Französischstunde hat Vanessa zu Frau Berger gesagt, wie toll sie den Unterricht findet und dass sie die beste Lehrerin ist.«

Nele brauchte eine Weile, bis sie die Neuigkeit verarbeitet hatte. Ihr Gesicht war eine Mischung aus Überraschung, Unglauben und Ablehnung.

»Was?«

Lara nickte eifrig. »Ich habe auch kaum meinen Ohren getraut. Aber die hat rumgeflötet, als wäre sie in Frau Berger verliebt.«

Nele sah sie skeptisch an. »Das glaube ich nicht. Ich kann mir nicht vorstellen, dass sie so etwas zu ihr sagt.«

Lara schüttelte den Kopf. »Du kannst sie ja fragen. Aber wahrscheinlich streitet sie es ab. War ja echt peinlich, wie die sich bei der aufgespielt hat.«

Nele schien angestrengt nachzudenken.

»Wer ist dran?« Lara drehte sich um. Die Frau hinter dem Tresen sah die beiden Mädchen ungeduldig an. Da Nele keine Anstalten machte, ihre Bestellung aufzugeben, drängte sich Lara nach vorne.

Inzwischen war hinten in der Ecke ein Zweiertisch frei geworden. Das war ja perfektes Timing! Lara setzte sich mit dem Rücken zur Wand. Hier hatte sie das ganze Restaurant im Blick. Sie hatte gerade die Plastikverpackung des Burgers aufgewickelt, als Nele vor ihr stand.

»Ist hier noch frei?«

Lara nickte. Von Vanessa weit und breit keine Spur. War sie in der Toilette verschollen? Lara bemühte sich, sich ihre Begeisterung nicht anmerken zu lassen. Nele hatte angebissen, sonst wäre sie nie auf die Idee gekommen, sich zu ihr zu setzen.

»Diesen Burger wollte ich schon lange mal ausprobieren«, meinte Lara

Nele war in Gedanken noch immer woanders.

»Und was hat sie genau zu Frau Berger gesagt?«

Lara spielte die Ahnungslose.

»Vanessa natürlich!«, half ihr Nele auf die Sprünge. »Heute vor der Fanzösischstunde.«

»Hab ich doch schon gesagt. Sie hat Frau Berger für die spannenden Stunden und die Prüfungen gelobt.«

Langsam schien Nele die Sache gar nicht mehr so abwegig zu finden. »Ich habe nie mit ihr über diese doofe Tante gesprochen, ich bin einfach davon ausgegangen, dass sie die gleiche Meinung von ihr hat. Dass sie gerade der so schmeicheln muss ...«

Da baute sich Vanessa mit dem Tablett zwischen ihnen auf. Sie tat so, als hätte sie Lara gar nicht gesehen. Sie nahm den Zweiertisch unter die Lupe und schien zum Ergebnis zu kommen, dass er keinen Platz für ein drittes Tablett bot.

»Hast du gar keinen Platz für mich freigehalten?« Ihr stand der Ärger ins Gesicht geschrieben.

»Sorry, war nichts mehr frei«, erwiderte Nele.

»Setzen wir uns draußen irgendwo hin?«

Nele schüttelte den Kopf. »Jetzt habe ich mich schon hier ausgebreitet. Wir müssen eh gleich wieder zurück.«

Lara konzentrierte sich auf ihre Pommes und gab sich unbeteiligt.

Vanessa war total perplex. »Aber ...«, setzte sie an, doch sie überlegte es sich anders, »dann esse ich halt allein.« Und dann watschelte sie auf ihren Flip-Flops davon.

Nele ließ sich von der Aktion nicht aus der Ruhe bringen. Sie verdrehte theatralisch die Augen. »Die ist manchmal wie ein kleines Kind.«

Lara lächelte unsicher. Sie hatte die Szene mit gemischten Gefühlen beobachtet. Am besten, sie lenkten ihre Aufmerksamkeit jetzt auf etwas anderes.

»Die Riemann war heute wieder eine Katastrophe«, schnitt sie ein neues Thema an. Sie wusste, dass Nele ihre Erdkunde-Lehrerin genauso öde fand wie sie. Früher hatten sie nach jeder Stunde

Witze über sie gerissen: über ihre Klamotten, ihre Stimme, ihre penetrante Art, komplizierte Fragen zu stellen.

»Dieses blaue Haarband«, grinste Nele, »so etwas tragen doch nur Kinder.«

Lara scannte das Restaurant. Vanessa schien sich tatsächlich aus dem Staub gemacht zu haben. Nele war nicht anzumerken, dass sie soeben Vanessa abserviert hatte.

Doch Lara war noch immer angespannt. Es war Vanessa durchaus zuzutrauen, dass sie so etwas nicht auf sich sitzen ließ. Bestimmt rief sie gleich an oder schrieb eine SMS. Oder sie wartete in der Schule auf sie. Lara war sich überhaupt nicht sicher, ob Nele Vanessa wirklich definitiv abgeschrieben hatte. Vanessa war doch so raffiniert, dass sie Nele gleich wieder um den Finger wickelte. Lara gähnte.

»Müde?«

Lara zuckte mit den Schultern. »Letzte Nacht nicht so gut geschlafen.«

Nele sah sie auffordernd an. Aber sie lieferte keine Erklärung.

Das Mittagessen war fast so wie früher gewesen, nur dass Lara irgendwie kribbelig zumute war. Vanessas Name war kein einziges Mal gefallen. Sie hatten viel nachzuholen. Nele hatte erzählt, dass ihre Schwester bald heiratete und sich ihre

Eltern einen Hund zugelegt hatten. Und der hatte schon einige ganz witzige Episoden geliefert. Schließlich mussten sie sich beeilen, dass sie nicht zu spät in die Schule kamen, so sehr hatten sie sich verquatscht. Im Laufschritt erreichten sie den Pausenhof. Anna und Marc hingen bei der Mülltonne rum. Anna verteilte Kaugummis. Sie merkte sofort, dass etwas anders war.

»Wo hast du Vanessa gelassen?«

Nele zuckte mit den Schultern. »Definitiv die falsche Frage.« Sie checkte, ob die Luft rein war. Dann erzählte sie mit gedämpfter Stimme, was sie von Lara gehört hatte.

Anna riss die Augen auf. »So was von peinlich! Die könnte ich würgen. Hat die noch nicht verstanden, dass Frau Berger eine Katastrophe ist? Sie meint wohl, sie könnte damit ihre Noten verbessern!«

Auch Marc war fassungslos. »Das hätte ich der gar nicht zugetraut. Aber das ist ja bei Speichelleckern meistens so.«

Lara schluckte. Warum musste Nele das jetzt überall herumposaunen? Sie hatte es ihr im Vertrauen gesagt. So wichtig war die Story auch nicht.

»Irgendwie war die mir schon immer etwas suspekt«, überlegte Anna. »Die ist doch eine totale Egoistin.«

Lara war perplex. Was sollte das eine mit dem

anderen zu tun haben? Das war doch jetzt völlig aus der Luft gegriffen.

Während Nele schwieg, war Anna kaum mehr zu bremsen. »Ich will gar nicht wissen, was sie sonst noch zu Frau Berger gesagt hat.«

»Vielleicht war es heute das erste Mal«, wiegelte Lara ab, aber die anderen waren jetzt richtig in Fahrt. Anna durchsuchte ihren Rucksack. Alle lachten, aber Lara spürte, dass das Ganze für sie kein Witz war.

»Man sollte sie nicht mehr aus den Augen lassen«, riet Marc.

Lara hatte genug gehört. Wenn sie es nicht besser gewusst hätte, hätte sie fast schon selber geglaubt, was die anderen jetzt alles über Vanessa zusammendichteten. Aber Vanessa war auch ein ideales Opfer: Man wusste wenig über sie, das bot Raum für Erfindungen und Gerüchte. Sie gab Nele ein Zeichen. »Gehen wir rein?«

Lara rechnete damit, dass Vanessa bereits im Zimmer auf sie wartete. Es kostete sie einiges an Überwindung, hineinzugehen. Wenn sie ehrlich war, hatte sie schon etwas Respekt vor Vanessa. Die nahm nie ein Blatt vor den Mund und wenn sie sauer war, musste man sich bei ihr auf etwas gefasst machen. Aber sie waren die Ersten. Eigentlich hätte Lara noch schnell auf die Toilette gehen wollen. Aber es war jetzt schlauer, nicht von Neles Seite zu weichen. Nele schlug vor, sich an den Tisch am Fenster zu setzen. Der war am weitesten vom Lehrerpult entfernt. Hier war die Chance am größten, in den beiden Kunst-Stunden möglichst wenig Aufmerksamkeit von der Lehrerin zu bekommen.

Nele setzte sich rücklings auf den Stuhl und umarmte die Lehne. »Welchen Film wolltest du im Kino eigentlich ansehen?«, erkundigte sie sich, »vielleicht kann ich morgen Abend doch.«

»Aber du hast geschrieben ...«

Nele winkte ab. »Kurzfristige Programmänderung. Ist nicht so wichtig.« Lara warf ihr einen auffordernden Blick zu, aber es folgten keine weitere Informationen.

»Wir können auch ein anderes Mal gehen, das wäre kein Problem ...«

Zoé und Anna betraten das Zimmer.

»Das ist ja total krass!«, schimpfte Zoé. »Ich hasse solche Leute. Denen geht es nur darum, dass sie gut dastehen.«

»Zum Glück hat es Nele noch rechtzeitig gemerkt«, meinte Anna. »Ist sicher hart, wenn du so etwas über deine beste Freundin erfährst.«

»Die würde bestimmt auch die besten Freunde anschwärzen, nur um eine gute Note zu bekommen. Total ekelerregend.«

Was zerbrachen sich die beiden darüber den Kopf? Die Sache ging sie wirklich nichts an. Hätte es nicht schon längst klingeln sollen? Wo blieb die Lehrerin so lange? Sonst fing sie doch auch immer schon vor dem eigentlichen Beginn der Stunde mit ihren Ausführungen an.

Vanessas Flip-Flops waren schon zu hören, bevor sie durch die Tür kam. Sie war die Letzte. Sie latschte ins Zimmer und hielt nach Nele Ausschau. »Was sie wohl heute der Lehrerin erzählen will?«, rief Marc, als sie an ihm vorbeiging. Einige lachten laut. Woher wusste er das denn auch schon? Hatte die Story schon die Runde gemacht? Lara hätte ihn am liebsten geboxt. Vanessa verstand den Witz natürlich nicht. Sie realisierte nicht einmal, dass man sich soeben auf ihre Kosten lustig gemacht hatte. Als sie bemerkte, dass Lara neben Nele saß, bildete sich auf ihrer Stirn eine Falte.

»Nichts mehr frei«, gab sich Nele kurz angebunden. Lara blickte zwischen den beiden hin und her. Nele musste sich doch nicht gleich so krass verhalten. Lara hatte nur erreichen wollen, dass es so war wie früher. Es war nicht ihr Ziel gewesen, dass Nele Vanessa fertigmachte. Die tat ja jetzt so, als wäre Vanessa eine Serienmörderin.

»Was ist denn in dich gefahren?«, wollte Vanessa wissen.

Nele starrte in die Mitte des Raums, wo die Lehrerin gerade eine Vase mit Lilien auf den Boden stellte. Alle Augen waren auf Nele und Vanessa gerichtet. Marc war deutlich anzusehen, dass er sich auf große Action freute. Sie waren hier doch nicht die Jury einer Castingshow, die sich über unbegabte Kandidaten den Mund zerriss! Lara hätte sich am liebsten unsichtbar gemacht. Das war ja wirklich eine dumme Situation. Kein Wort kam über Neles Lippen. Verzweifelt suchte Lara nach einem Satz oder einer Frage, um diese lähmende Stille zu beenden. Warum nutzte die Lehrerin nicht die Gelegenheit, um mit dem Unterricht zu beginnen? Vanessa wartete ein paar Augenblicke, dann gab sie auf.

»Wie du meinst!«, warf sie Nele an den Kopf und wandte sich um. Die Flip-Flops quietschten laut, als sie sich ans andere Ende des Raums begab. Dort war ein leerer Einzeltisch. Anna und Zoé steckten die Köpfe zusammen. Marc schnitt eine Grimasse. Lara zeigte ihm den Vogel.

Endlich begrüßte die Lehrerin die Klasse und verteilte das Material.

»Irgendwie schade«, murmelte Nele gedankenverloren, nachdem sie eine Weile gezeichnet hatten, »Vanessa und ich haben uns eigentlich immer gut verstanden.«

Lara fiel fast vom Stuhl. Was wollte sie denn damit sagen? Genügte sie ihr nicht? Hatte sie schon vergessen, wie gut sie sich damals immer verstanden hatten? Weshalb musste sie da Vanessa vermissen? Sie hatte am Mittag doch selber gesagt, dass sie von Vanessa nichts mehr wissen wollte. Nach knapp einer Stunde konnte ihr doch noch nicht entfallen sein, was Lara ihr erzählt hatte?

»Aber du hast doch gehört, was sie zu Frau Berger ...«

Nele nickte. »Aber es ist trotzdem schade.

»So ist das halt«, gab Lara zurück.

Nele zuckte mit den Schultern. »Vanessa war sonst wirklich witzig drauf und man konnte mit ihr immer was erleben.«

Darauf wusste Lara nichts zu sagen. Sie starrte mit zusammengekniffenen Augen auf die Lilien in der Mitte des Raums. Am liebsten hätte sie ihre Sachen gepackt und das Weite gesucht.

Für alle, die wissen wollen, welches Gebot als Vorlage für die jeweilige Geschichte diente, sind sie hier angegeben (nach: Die Bibel. Einheitsübersetzung der Heiligen Schrift, Exodus 20, 1–17):

Richards Bedenken: Du sollst neben mir keine anderen Götter haben. (1. Gebot)

Verdorbene Freude: Du sollst den Namen des Herrn, deines Gottes, nicht missbrauchen. (2. Gebot)

5 Stunden unter Starkstrom: Gedenke des Sabbats: Halte ihn heilig! (3. Gebot)

Wie peinlich: Ehre deinen Vater und deine Mutter, damit du lange lebst in dem Land, das der Herr, dein Gott, gibt. (4. Gebot)

Sprühende Funken: Du sollst nicht morden. (5. Gebot)

Die ganze Wahrheit: Du sollst nicht die Ehe brechen. (6. Gebot)

Die beste Idee: Du sollst nicht stehlen. (7. Gebot)

Jetzt mal Klartext: Du sollst nicht falsch gegen deinen Nächsten aussagen. (8. Gebot)

Der geheime Deal: Du sollst nicht nach dem Haus deines Nächsten verlangen. (9. Gebot)

Neles neue Freundin: Du sollst nicht nach der Frau deines Nächsten verlangen, nach seinem Sklaven oder seiner Sklavin, seinem Rind oder seinem Esel oder nach irgendetwas, das deinem Nächsten gehört. (10. Gebot)

Von Stephan Sigg ist bei Gabriel bereits
erschienen:
*Auf mich kannst du zählen – Zwölf Gleichnisse
aus unserer Zeit*

Sigg, Stephan:
Zehn gute Gründe für Gott –
Die Zehn Gebote in unserer Zeit
ISBN 978 3 522 30237 1

Umschlaggestaltung und -typografie: Niklas Schütte unter
Verwendung eines Fotomotivs von istock © mgkaya
Innentypografie: Kadja Gericke
Schrift: Candida, TheSerif
Satz: KCS GmbH, Buchholz/Hamburg
Druck und Bindung: Friedrich Pustet, Regensburg
© 2011 by Gabriel Verlag (Thienemann Verlag GmbH),
Stuttgart/Wien
Printed in Germany. Alle Rechte vorbehalten.
5 4 3 2 1°   11 12 13 14

www.gabriel-verlag.de

Stephan Sigg
Geschichten mit Aha-Effekt!

Auf mich kannst du zählen!
224 Seiten
ISBN 978 3 522 30191 6

Biblische Gleichnisse – neu und provokant erzählt: Da legt man sich beim Ferienjob total ins Zeug und dann bekommt ein anderer, der weniger lang gearbeitet hat, gleich viel Geld. Oder man ist total verzweifelt und braucht eine starke Schulter, aber alle Freunde haben was Wichtiges vor. Nicht immer enden die Geschichten so, wie wir es erwarten. Sicher ist jedoch, es gibt jemanden, auf den wir immer zählen können.

www.gabriel-verlag.de